Anja Weygandt

milch – frei

Ein Einkaufsratgeber für den Supermarkt

Mit Koch- und Backrezepten für eine kuhmilchfreie Ernährung

Umschlaggestaltung und Layout: Helge Weygandt
Druck und Vertrieb: Books on Demand GmbH

ISBN: 3-8311-4396-X

Für Franziska, Katharina und Helge

Danke,

an die Firmen, die mir Auskünfte über ihre Produkte gaben,

an die Ehrlichkeit der Firmen, die von ihren Produkten abrieten,

an alle Menschen, die mir geholfen haben milcheiweißfreie Produkte zu finden,

an alle Menschen, die sich alles über dieses Thema anhören mussten,

an alle Menschen, die für meine Kinder milcheiweißfrei gekocht, gebacken oder eingekauft haben,

an alle Menschen, für die eine Diät eine Selbstverständlichkeit ist und

an alle Testesser, gewollt oder ungewollt.

Inhaltsangabe

Vorwort 10

Diagnose und Symptome einer Kuhmilcheiweiß-Unverträglich 13

Wozu braucht man einen Einkaufsratgeber?............................ 14

Lebensmittel, die Milcheiweiß enthalten................................ 16

Lebensmittel, die Milcheiweiß enthalten *können*... 17

Milcheiweiß*freie* Lebensmittel.. 19

Calciumreiche Lebensmittel.. 20

Alternativen-Liste.. 21

Produktlisten (nach Herstellern alphabetisch sortiert)

Alete..................................	(Babynahrung)	23
Alpro.................................	(Sojaprodukte)	30
Bahlsen..............................	(Kuchen, Kekse)......................	33
Böklunder	(Wurstwaren)...........................	35
Buitoni..............................	(Teigwaren).............................	38
Buttella..............................	(Pflanzenfett)...........................	39
Chupa Chups......................	(Süßwaren)..............................	40
Coppenrath & Wiese	(Backwaren)..	41
Edora.................................	(Gewürze)................................	42
Feodora..............................	(Süßwaren)..............................	42
Fießinger Mühle	(Mühlenprodukte)....................	43
Frigeo................................	(Süßwaren)..............................	45
Golden Toast/Lieken Urkorn	(Backwaren)............................	46
Haribo................................	(Süßwaren)..............................	45
Harry- Brot........................	(Backwaren)............................	48

Herta.................................. (Wurstwaren)........................... 51
Hipp.................................. (Babynahrung)......................... 55
Howe.................................. (Wurstwaren)........................... 63
Kathi.................................. (Backwaren)............................ 64
Kellogg`s.............................. (Ceralien)................................ 67
Kunterbunt......................... (versch. Hersteller u. Produkte) 75
Kühne................................. (Dressings, Saucen, Gemüse).... 69
Langnese-Iglo..................... (Tiefkühlprodukte)................... 80
Leimer................................ (Paniermehl,Croutons)............. 84
Libby`s............................... (Konserven)............................ 85
Lindt.................................. (Schokolade)........................... 88
Lotus.................................. (Gebäck)................................. 89
Ludwig............................... (Süßwaren,Kakao)................... 90
Maggi................................. (Würzmitel, Saucen etc.).......... 92
Mc Cain.............................. (Tiefkühlprodukte)................... 97
McDonald`s........................ (Schnellrestaurant).................. 98
Meica................................. (Wurstwaren).......................... 101
Mestemacher...................... (Backwaren)........................... 102
Milupa................................ (Babynahrung)........................ 103
Motta.................................. (Speiseeis)............................... 106
Nestle................................. (Getränkezugabe)..................... 107
Pillsbury............................. (Backwaren)........................... 109
Reformhaus.. 110
Reinert............................... (Wurstwaren).......................... 112
rinatura.............................. (Backwaren, Aufstriche).......... 118
Ritter Sport........................ (Schokolade).......................... 124
Ruf..................................... (Backzutaten, Desserts, Saucen) 125
Schöller.............................. (Speiseeis).............................. 130
Schwartau........................... (Backzutaten, Desserts)........... 131
Sojaland............................. (Sojaprodukte)........................ 136
Sinnack.............................. (Backwaren)........................... 137
Stollwerck.......................... (Süßwaren)............................. 138
Storck................................ (Süßwaren)............................. 140
Thomy................................ (Mayonnaise, Senf)................. 142
Vega-Frost......................... (Veganer Versand).................. 143

Vegan-Versand.................. (Veganer Versand).................... 145
Wasa................................ (Backwaren)............................ 146
Wissoll.............................. (Süßwaren)............................. 147
Wrigley.............................. (Süßwaren)............................. 149
Zamek............................... (Würzmittel, Suppen u. Saucen) 149
Zimmermann....................... (Backwaren)............................ 150

Firmen, die grundsätzlich von ihren Produkten abraten............ 151

Anmerkungen.. 152

Rezeptteil.. 154

Beilagen

Buwespätz 155
Kartoffelpuffer mit Soghurtsauce................................... 155
Salat "Tropicana" 156

Suppen und Eintöpfe

Serbischer Bohneneintopf... 158
Erbsensuppe.. 159
Gulaschsuppe.. 160
Geröstete Grießsuppe.. 159
Chili Con Carne... 161
Spargelcreme-Suppe... 161

Salate

Spargel-Ananas-Salat... 156
Schichtsalat... 157

Hauptspeisen

Kilotopf... 162
Fleischtopf Nizza.. 163
Kasseler im Blätterteigmantel.. 164
Fleischpastete in Blätterteig... 165
Gefüllte Pita-Taschen... 166

Dressings

French-Dressing.. 167
Kräuter-Dressing.. 167
Remouladen-Dressing.. 168

Desserts

Ananas vom Grill.. 171
Melonen-Boote... 171
Kirsch-Grütze... 169
Bratäpfel auf Vanillesauce.. 170

Brot und Brötchen

Weißbrot.. 172
Toastbrot... 172
Stockbrot... 173
Laugengebäck.. 174
Weizenmischbrot.. 174

Kuchen

Apfelkuchen... 176
Chinaschnitten.. 177
Apfel- Zimt- Kuchen.. 178
Biskuitboden.. 179
Biskuitrolle... 180
Amerikaner 181
Marmorkuchen 182
Nußkuchen 183
Leipziger Apfelkuchen 184
Kirsch- Marzipan- Baiser- Torte 186
Heidelbeer- Kirsch- Kuchen... 188
Kokos- Kirsch- Kuchen.. 185

Gebäck

Falsche Butterkränzchen.. 189
Kokosmakronen.. 189
Schoko-Crossies.. 190
Marzipan-Kartoffeln.. 190
Bunte Kekse.. 191
Baiser.. 192
Marzipanstangen... 192
Einfache Waffeln... 193

Bowle

Erdbeer-Bowle.. 194
Waldmeister-Bowle... 194

Tipps, Tricks und Kniffe fürs alltägliche Leben........................ 195

Hilfreiche Adressen.. 199

Bücher und Broschüren... 200

Vorwort

Als Mutter von zwei Kindern, die eine Kuhmilcheiweißunverträglichkeit haben, konnte ich im Laufe der Jahre viele Erfahrungen sammeln.

Durch Lesen von Fachliteratur, durch Informationssammlung bei der lebensmittelproduzierenden Industrie und durch das Internet konnte ich eine große Menge an Wissen zusammentragen.

In meinem Umfeld sprach es sich bald herum, dass ich mich mit dieser Thematik sehr beschäftigt habe und mich auskenne.

Dadurch wurde mir bewusst, wie viele Menschen es gibt, die kein Kuhmilcheiweiß vertragen.

Mein Beruf ist zwar Krankenschwester und nicht Allergologin, da ich aber schon vielen Betroffenen helfen konnte möchte ich Ihnen mit diesem Buch Ihr Leben vereinfachen.

Sie haben sich dieses Buch besorgt, da Sie oder Ihre Kinder keine Milch vertragen.

Wahrscheinlich haben Sie einen langen Weg bis zur Diagnose hinter sich gebracht und nun sollen Sie einfach die Milch weglassen.

Das klingt einfach, hat im alltäglichen Leben aber viele Hürden.
Es stellen sich viel Fragen:

- Welche Lebensmittel kann ich verwenden?
- Woher bekomme ich Rezepte zum Selbstkochen?
- Welche Möglichkeiten bietet mir die Gastronomie?
- Wie lebt man auch ohne Milchprodukte „normal“?

Ich habe diesen Einkaufsführer zusammengestellt, um Ihnen Möglichkeiten zu zeigen, wie man auch ohne Milch normal einkaufen, normal essen und normal leben kann.

Nehmen Sie dieses Buch zum Einkaufen mit und machen Sie sich Notizen in den Produktlisten z. B., wo Sie was eingekauft haben.

Ich habe die meisten der Produkte bei

- Aldi
- Toom – Markt
- Wal – Mat
- Penny
- Norma

eingekauft.

Zum Schluss eine Empfehlung:

„Denken Sie positiv!“

- Durch eigene Herstellung von z.B. Brot, Marmelade und Kaffeestückchen haben meine Kinder kochen und backen gelernt (und ich auch)

- Durch die Kommunikation mit den Lebensmittelherstellern erfuhr ich oft eine positive Resonanz (vielleicht gibt es irgendwann einmal eine Volldeklaration bei Lebensmitteln in Deutschland)

- Irgendwann ist es normal eine Diät zu leben und man muss es nicht mehr begründen (Es gibt immer mehr Gruppen in unserer Gesellschaft, die nicht alles konsumieren, z. B.Vegetarier, Veganer, Religionsgruppen, Diabetiker)

- Im Gegensatz zu anderen Allergien (z. B. Gräser, Pollen) kann man das Allergen Kuhmilcheiweiß meiden.

Wenn Sie etwas entdecken, was nicht stimmt, wenn Sie Änderungen in der Rezeptur feststellen, wenn Sie Fragen, Anregungen oder kritische Kommentare haben, schicken Sie mir eine eMail:

autorin@milch -frei.de

Und im Internet finden Sie mich unter:

www.milch-frei.de

Da es bei diesem Buch um Lebensmittel geht, ändert sich sehr schnell sehr viel. Deshalb werde ich, sobald ich neue Produktinformationen habe, diese im Internet sofort aktualisieren! Sie finden das Aktuelle unter:

www.milch-frei.de/196745.html

(Diesen Link kennen nur Sie! Diesen Link gibt es nicht auf der Homepage-Startseite zu diesem Buch, deshalb müssen Sie diese Adresse genau so in die Adressleiste Ihres Browsers eingeben!)

Viel Spaß und viel Gesundheit
wünscht Ihnen

Anja Weygandt

Für alle Informationen, die in diesem Buch aufgeführt sind, möchte ich noch folgendes anmerken:

Die Listen, Ratschläge und Kochrezepte sind aus eigener Recherche zusammengestellt. Sie geben keine 100% Sicherheit. Die Listen erheben keinen Anspruch auf Vollständigkeit. Die Hersteller können ihre Rezepturen ändern. Achten Sie auch weiterhin auf die Zutatenliste, besonders wenn sich die Verpackung ändert, hat sich auch die Rezeptur geändert.
Jedem, der Milcheiweiß meiden muss und diese Lebensmittellisten benutzt, sollte bekannt sein, dass in den Produktionsprozessen ein minimaler Rest von Milcheiweiß enthalten sein kann. Der Gebrauch dieser Produkte obliegt Ihrer eigenen Verantwortung.
Produkt ist nicht gleich Produkt, d. h. ABC- Kekse von Bahlsen sind milchfrei, ABC-Kekse vom NORMA - Discounter nicht. Achten Sie darauf, es geht um Ihr Wohlbefinden!

Was ist eine Allergie?

Über Allergien, Diagnosemöglichkeiten und Behandlungsmethoden gibt es genügend Informationsmaterial (z.B. Fachliteratur, Internet, Ärzte) Deshalb fasse ich mich hier kurz:

Symptome einer Allergie, Unverträglichkeit und – Pseudoallergie können sein:

Bauchschmerzen, hyperaktive Phasen, Unruhe, Kopfschmerzen, Blähungen
Erbrechen, Durchfall, Fließschnupfen, Hautausschlag, Übelkeit, Kopfschmerzen, Atemwegserkrankungen, Nasennebenhöhlenentzündungen, Niesattacken u.a.

Was ist eine Pseudoallergie?

Die Pseudoallergien sind in ihrem klinischen Bild mit den echten allergischen Reaktionen fast identisch, jedoch kommen sie unter Umgehung der spezifischen Antigen-Antikörper-Reaktion zustande. Sie sind daher nicht durch allergologische Tests zu erfassen.

Diagnosemöglichkeiten

Anamnese, Ernährungsprotokoll über mindestens 3 Wochen, Suchdiät, Bluttests, Hauttests, Provokationstests, alternative Testverfahren beim Heilpraktiker u.a.

Therapie

Bei einer Nahrungsmittelunverträglichkeit auf das Allergen „verzichten". Vielleicht bildet sich die Allergie nach längerer konsequenter Allergen-Karenz zurück.
Bei der Milchallergie ist das Eiweiß der Milch der Auslöser. Nicht zu verwechseln mit der Laktose - Intoleranz! Da es verschiedene Eiweiß-Komponenten gibt, und nicht jeder Kuhmilcheiweißallergiker auf alle Eiweiße reagiert, wird teilweise gekochte Milch oder ein Sauermilchprodukt vertragen.

Warum brauche man einen Einkaufsratgeber, steht denn nicht alles auf der Zutatenliste?

Leider steht auf den Zutatenlisten nicht alles darauf, was im Produkt drin ist, da es in Deutschland keine Volldeklarationspflicht gibt.
Der Verbraucher weiß nicht, was er konsumiert!
Für Allergiker kann das gefährlich werden!

Die Lebensmittelverordnung schreibt vor, dass verpackte Lebensmittel, die verkauft werden einer Kennzeichnungspflicht unterliegen.
Es gibt aber Ausnahmen, also nicht kennzeichnungspflichtige Lebensmittel:

- offene und unverpackte Lebensmittel (z.B. bei Metzger, Bäcker)

- abgepackte Nahrungsmittel, die im Laden selbst hergestellt werden

- und an der Theke verkauft werden(z.B. Bäckerei, Pralinengeschäft)

- Portionspackung, deren Fläche kleiner als 10cm² ist

- Portionspackungen, die in Kantinen und Gasstätten abgegeben werden und deren größte Fläche kleiner als 35cm² ist

- Alkoholische Getränke mit mehr als 1,2 Volumen% Alkohol (z.B. Sahne in Likör)

- Zusatzstoffe, die im Endprodukt keine technologische Wirkung mehr haben (z.B. Schimmelpilzenzyme bei der Herstellung und Klärung von Fruchtsäften)

- Ist eine zusammengesetzte Zutat zu einem geringeren Anteil als 25% in einem fertigen Produkt enthalten, so müssen die Inhaltsstoffe auf der Zutatenliste nicht aufgezählt werden (z.B. Schokolade im Kuchen, Paniermehl i n Tortellini)

- Schokolade und Schokoladenerzeugnisse unterliegen der *Kakaoverordnung*. Sie besagt unter anderem, dass Lebensmittel, die „in einer nicht unscheidbaren Weise mitverarbeitet wurden und weniger als 5% des Gesamtgewichtes des Fertigerzeugnisses betragen" dürfen nicht deklariert werden. Danach können beispielsweise Nüsse, Eigelb, Hühnereiweiß, Sojamehl, Joghurt, Honig u.a.m. bis zu 5% in Schokolade enthalten sein, ohne im Produkt erkennbar zu sein und ohne auf der Zutatenliste zu erscheinen.

Milcheiweiß ist enthalten, wenn auf der Zutatenliste steht:

- Butter
- Buttermilch
- Creme fraiche
- Dickmilch
- Eiweiß (nicht erkennbar, welches Eiweiß benutzt wurde)
- Joghurt
- Kaffeesahne
- Käse
- Kasein
- Kefir
- Kondensmilch
- Kuhmilch
- Kuhmilcheiweiß
- Lacalbumin
- Lactoglobin
- Magermilch
- Margarine
- Milch
- Milcheiweiß
- Milchfett
- Milchpulver
- Molke
- Molkeneiweiß
- Quark
- Rahm
- Rohmilch
- Sahne
- Sauermilch
- Sauermolke
- Süßmolke
- Trockeneiweiß (s.oben)
- Vollmilch

Kann Milcheiweiß enthalten:

- alkoholische Getränke (z.B. Eierlikör, Baileys)
- Aroma
- Aromaträgerstoff
- Baiser
- Bonbons
- Brot
- Brotaufstriche
- Brötchen
- Cremesuppen
- Diätmittel
- Karamelle
- Dressings
- eingelegtes Fleisch (z.B. Sahne)
- Eiscreme
- Fertigsaucen
- Fertigsuppen
- Fladenbrot (kann Joghurt enthalten)
- Fleischpasteten
- Fleischwaren
- Frikadellen
- Fruchteis
- Fruchtsaft mit Milch (z.B. Hohes C plus, Müller-Saft im Becher)
- Gewürzmischungen
- Gummibärchen
- Hautcremes
- Kartoffelpüree
- Ketchup
- Knödel
- Kroketten
- Kuchen
- Kuvertüren
- Lebkuchen
- Löffelbiskuit

- Maiskolben (können mit Butter bepinselt sein oder waren in Milch eingelegt)
- Margarine
- Mayonnaise
- Medikamente
- Müsli
- Müsliriegel
- Nudeln
- Nuß – Nougat - Creme
- Paniermehl
- Pudding
- Ravioli
- Shampoo mit Milch (Vorsicht Schleimhäute)
- Körpercreme (Vorsicht Schleimhäute)
- Kleie-Molke-Bad
- Schafskäse
- Schokolade
- Sondennahrung
- Suppen mit Einlagen
- Tiefkühlkost (z.B. Rahmspinat, Butter-Erbsen)
- Tortellini
- Torten
- Waffeln
- Wurst (incl. Salami, Schinken)
- Ziegenkäse **(100 %iger Ziegenkäse darf mit Kuhmilch verschnitten sein!)**
- Zwieback

Milcheiweißfrei sind:

- Backpulver
- Bier
- Butterschmalz/ Butterreinfett
- Eier
- Fisch
- Fleisch (ohne alles)
- Geflügel
- Gelatine
- Gemüse
- Getreide
- Götterspeise
- Hefe
- Honig
- Hülsenfrüchte
- Kaffee
- Kartoffeln
- Konfitüre
- Kräuter
- Mehl
- Mineralwasser
- Natron
- Nüsse
- Obst
- Pilze
- reine Frucht- und Gemüsesäfte
- Salate
- Salz
- Speiseöl
- Sprossen
- Tee
- Wasser
- Wein
- Zucker

Calcium

Muss Milch und deren Produkte gemieden werden, müssen Sie aus anderen Nahrungsmitteln und evt. durch Nahrungsergänzungspräparate für ihre Calciumzufuhr sorgen.
Genaue Werte über den Bedarf und in den Nahrungsmitteln enthaltenem Calcium erfahren Sie aus Nährwerttabellen, die Sie im Buchhandel oder im Internet (z.B. www.dge.de) erhalten.
Sprechen Sie auch mit Ihrem Arzt, um eventuell ihren Calciumwert bestimmen zu lassen.

Calciumreiche Lebensmittel:

- Brennnesselsaft
- Broccoli
- Datteln
- Endivien
- Fenchel
- Gartenkresse
- Grünkohl
- Haferflocken
- Hafermilch
- Hülsenfrüchte
- Kräuter
- Mandelmilch
- Mangold
- Mineralwasser
- Pistazienkerne
- Reismilch
- Schafskäse
- Sesam

Alternativliste

Anstatt	*Geeignet*
Schlagsahne	Pflanzenschlagsahne (Vegan-Shop), Kokosnussmilch schaumig schlagen
Butter	Milchfreie Margarine, Butterschmalz, Speiseöl
Mohrenköpfe	Thüringer Küsse (Steigerwolf)
Smarties	Smekkers, Skittels (siehe Liste Kunterbunt)
Markenzwieback, Löffelbiskuits	„billige" Marke wählen
Basiers	Selbst herstellen
Milcheis	reines Wassereis, reines Fruchteis, veganes „Milcheis" (siehe Liste Kunterbunt)
Joghurt	Yofu (von Alpro), selbst herstellen
Quark	Tofu
Kartoffel-Chips	Bananen-Chips, Kokoschips
Pizza beim "Italiener"	Pizzabrot
Prinzenrolle-Keks	Granovita Vollkorn-Doppelkeks (Reformhaus)
Käse	Reinen!!! Ziegenkäse, reinen Schafskäse, veganen Parmesan (siehe Liste Kunterbunt)
Kuhmilch	Ziegenmilch, Mandelmilch, Stutenmilch, Sojamilch, Reismilch
Adventskalender mit Türchen	Adventskalender selbst basteln oder aus „Türchen-Kalender" das Innenteil vorsichtig rausziehen und die Vollmilchschokolade entfernen und das Förmchen spülen anschließend mit flüssiger milchfreier Schokolade füllen und wieder einschieben
Osterhase, Osterlämmchen	Osterhase aus Zuckerguss oder aus Biskuit

Fast alle milchhaltigen Waren sind ersetzbar. Manchmal erfordert es jedoch Zeit, Geschick und Geld, um diese Dinge zu finden oder selbst herzustellen

Produktlisten

mit milcheiweißfreien Produkten

von 55 Firmen alphabetisch sortiert

(Nicht aufgeführte Produkte dieser Firmen enthalten Kuhmilcheiweiß!!)

Alete

Babyservice

81622 München

Produkt-Name	**Produkt-Gruppe**	**Bezugsort** Notieren Sie sich Ihren Bezugsort (Geschäft, Ort, steht bei...)	**Extras**
Alete Glucose für Neugeborene	Getränk/Tee		
Alete Maltodextrin	Getränk/Tee		
Baby-Fencheltee	Getränk/Tee		Instant-Tee ab 1.Woche
Baby-Kräutertee	Getränk/Tee		Instant-Tee ab 2.Woche
Früchte-Tee	Getränk/Tee		Instant-Tee ab 8.Monat
Fencheltee	Getränk/Tee		Tee im Aufgussbeutel ab 1.Woche
Kräutertee	Getränk/Tee		Tee im Aufgussbeutel ab 1.Woche
Früchtetee	Getränk/Tee		Tee im Aufgussbeutel nach dem 4.Monat
Still-Tee	Getränk/Tee		Tee im Aufgussbeutel für die stillende Mutter
Milder Apfelsaft	Getränk/Fruchtsaft		nach dem 4.Monat
Reiner Karottensaft	Getränk/Gemüse-Saft		nach dem 4.Monat
Apfel-Birnen-Saft	Getränk/Fruchtsaft		nach dem 4.Monat
A-C-E Saft	Getränk/Fruchtsaft		nach dem 4.Monat

Alete			
Früchtesaft	Getränk/Fruchtsaft		nach dem 4.Monat
Karotten in Früchtesaft	Getränk/Frucht- und Gemüsesaft		nach dem 4.Monat
Frucht & Vitamin C Banane-Orange	Getränk/Fruchtsaft		nach dem 4.Monat
Frucht & Multivitamin	Getränk/Fruchtsaft		nach dem 4.Monat
Frucht & Eisen Apfel-Traube	Getränk/Fruchtsaft		nach dem 4.Monat
Apfel-Traube	Getränk/Fruchtsaft		Für Stillende
Frucht & Quelle mt Johannisbeer-, Apfel-, Birnensaft	Getränk		Nach dem 4.Monat
Frucht & Quelle mit Apfel- und Himbeersaft	Getränk		Nach dem 4.Monat
Frucht & Quelle mit Apfel- und Birnensaft	Getränk		Nach dem 4.Monat
Frucht Quelle Johannisbeer-, Apfel-, Birnensaft mit Mineralwasser	Getränk		Ab 1.Lebensjahr
Frucht & Quelle Apfel- und Birnensaft mit Mineralwasser	Getränk		Ab 1.Lebensjahr
Grüner Tee mit Apfelsaft	Getränk		Nach dem 4.Monat
Fencheltee mit Apfelsaft	Getränk		Nach dem 4.Monat
Früchtetee mit Apfel- und Johannisbeersaft	Getränk		Nach dem 4.Monat
Baby Apfel	Früchte		Nach dem 4.Monat
Birne mit Apfel	Früchte		Nach dem 4.Monat

Alete			
Multivitamin Früchte	Früchte		Nach dem 4.Monat
Banane	Früchte		Nach dem 4.Monat
Banane in Apfel	Früchte		Nach dem 4.Monat
Banane mit Mandarine und Birne	Früchte		Nach dem 4.Monat
Feines Früchte-Allerlei	Früchte		Nach dem 4.Monat
Aprikose mit Birne	Früchte		Nach dem 4.Monat
Williams-Christ-Birne	Früchte		Nach dem 4.Monat
Pfirsich mit Maracuja	Früchte		Nach dem 4.Monat
Pfirsich in Apfel -fein nach Honig	Früchte		Nach dem 4.Monat
Kompott Banane und Pfirsich in Apfel	Früchte		Nach dem 4.Monat
Kompott Mandarine und Banane in Apfel	Früchte		Nach dem 4.Monat
Apfel-Banane	Früchte		Nach dem 4.Monat
Gartenfrüchte	Früchte		Nach dem 4.Monat
Frühkarotten	Gemüse		Nach dem 4.Monat
Frühkarotten und Kartoffeln	Gemüse		Nach dem 4.Monat
Feines Gemüse-Allerlei	Gemüse		Nach dem 4.Monat
Zartes Gartengemüse	Gemüse		Nach dem 4.Monat
Feiens Gemüse mit Spaghetti und Bio-Kalbfleisch	Baby-Menü		Nach dem 4.Monat

Alete			
Kartoffeln mit Mias und Bio-Hühnchen	Baby-Menü		Nach dem 4.Monat
Spaghetti in Sauce Bolognese	Baby-Menü		Nach dem 4.Monat
Schinken-Nudeln mit Gemüse	Baby-Menü		Nach dem 4.Monat
Karotten mit Reis und Bio-Pute	Baby-Menü		Nach dem 4.Monat
Karotten mit Kartoffeln und Bio-Hühnchen	Baby-Menü		Nach dem 4.Monat
Gartengemüse mit Reis und Bio-Kalbfleisch	Junior-Menü		Ab 8.Monat
Kartoffeln mit Mais und Bio-Hühnchen	Junior-Menü		Ab 8.Monat
Gemüse-Allerlei mit Nudeln und Bio-Schinken	Junior-Menü		Ab 8.Monat
Gartengemüse mit Reis und zartem Bio-Putenfleisch	Junior-Menü		Ab 8.Monat
Spaghetti in Sauce Bolognese	Junior-Menü		Ab 8.Monat
Karotten mit Kartoffeln und Bio-Hühnchen	Junior-Menü		Ab 8.Monat
Feiner Tomaten-Reis mit Bio-Rindfleisch	Junior-Menü		Ab 8.Monat
Karottengemüse mit Reis und Bio-Truthahn	Junior-Menü		Ab 8.Monat

Alete			
Nudel-Sauce Bolognese	Nudelsauce		Ab 8.Monat
Nudel-Sauce Napoli	Nudelsauce		Ab 8.Monat
Gemüse mit Nudeln und Bio-Hühnchen	Kleinkind-Menü		Ab 12.Monat
Gemüse mit Kartoffeln und Bio-Hühnchen	Kleinkind-Menü		Ab 12.Monat
Gemüse mit Kartoffeln und Bio-Schweinefleisch	Kleinkind-Menü		Ab 12.Monat
Feines Gemüse mit Bio-Truthahn	Kleinkind-Menü		Ab 12.Monat
Spaghetti in Sauce Bolognese	Kleinkind-Menü		Ab 12.Monat
Tomatenreis mit Bio-Geflügelfleisch und feinem Gartengemüse	Kleinkind-Menü		Ab 15.MonaT
Gemüse und Eiernudeln mit Hühnerfleisch-Bällchen	Kinder-Menü		Ab 1 1/2 Jahre
Kinder-Spaghetti in Sauce Bolognese	Kinder-Menü		Ab 1 1/2 Jahre
Apfel mit Karotte Vollkorn-Früchte-Brei	Brei		Ab 6.Monat
Banane in Apfel Vollkorn-Früchte-Brei	Brei		Ab 6.Monat

Alete			
Multivitamin Vollkorn-Früchte-Brei	Brei		Ab 6.Monat
Mango und Banane in Apfel Vollkorn-Früchte-Brei	Brei		Ab 6.Monat
Apfel	Brei		Ab 6.Monat
Apfelstückchen mit Banane Vollkorn-Früchte-Brei	Brei		Ab 8.Monat
Pfirsich mit Apfelstückchen Vollkorn-Früchte-Brei	Brei		ab 8.Monat
Pfirisch-Maracuja in Apfel	Vollkorn-Früchtchen		ab 6.Monat
Früchte-Allerlei	Vollkorn-Früchtchen		Ab 6.Monat
Vollkornhafer mit Banane und Apfel Trinkbrei	Brei		ab 10.Monat
Multivitamin Trinkbrei	Brei		ab 10.Monat
Banane und Pfirsich Reis-Früchte-Brei	Brei		ab 4.Monat
Apfel Reis-Früchte-Brei	Brei		ab 4.Monat
Banane mit Apfel Zwieback-Früchte-Brei	Brei		Ab 6.Monat
Pfirsich mit Apfel Zwieback-Früchte-Brei	Brei		Ab 6.Monat

Alete			
Apfel Zwieback-Früchte-Brei	Brei		Ab 6.Monat
Banane-Apfel Früchteriegel	Snack		Ab 1 Jahr
Banane-Maracuja Früchteriegel	Snack		Ab 1 Jahr
Grieß	Getreidebrei		- Produkt ist rezeptorisch milchfrei - unbedingt „Milchersatz" verwenden
Haferschleim	Schleim		- Produkt ist rezeptorisch milchfrei - unbedingt „Milchersatz" verwenden
Honigschleim	Schleim		- Produkt ist rezeptorisch milchfrei - unbedingt „Milchersatz" verwenden

(Stand Februar 2002)

Bitte beachten Sie, dass sich Rezepturen ändern können und im Zweifelsfall immer der aktuelle Wert der Packung bzw. des Etikettes gültig ist.

Alpro

Meylip GmbH
32045 Herford

Produkt-Name	**Produkt-Gruppe**	**Bezugsort** Notieren Sie sich Ihren Bezugsort (Geschäft, Ort, steht bei...)	**Extras**
Alpro Soja Drink mit Kalzium (weiße Verpackung) 1 Liter und 0,25 Liter	Getränk		- cholesterinfrei angereichert mit Kalzium schmeckt gut bei süßeren Speisen (z.B.Pudding, Müsli)
Alpro Soja Drink ohne Zucker- und Salzzusatz 1 Liter	Getränk		- cholesterinfrei ohne Zucker- und Salzzusatz schmeckt gut z.B. im Kartoffelbrei
Alpro Soja Choco Drink 1 Liter und 0,25 Liter	Kaba-Getränk		- mit Trinkhalm - praktisch gut für unterwegs
Alpro Soja Vanille Drink 1 Liter und 0,25 Liter	Vanille-Getränk		- mit Trinkhalm - praktisch gut für unterwegs
Alpro Soja Erdbeere 0,25 Liter	Erdbeer-Getränk		- mit Trinkhalm - praktisch gut für unterwegs

Alpro			
Alpro Soja Banane 0,25 Liter	Bananen-Getränk		- mit Trinkhalm - praktisch gut für unterwegs
Sojola-Margarine	Margarine		
Sojola	Speiseöl		
Alpro Soja Vanille Dessert (0,5 l Tetrapack oder 4 x 125g Becher)	Dessert		
Alpro Soja Caramel Dessert (0,5 l Tetrapack oder 4 x 125g Becher)	Dessert		
Alpro Soja Choco Dessert (0,5 l Tetrapack oder 4 x 125g Becher)	Dessert		
Alpro Soja Yofu Natur 500 g und 4 x 125 g Becher	Pflanzlicher „Joghurt“		angereichert mit Kalzium
Alpro Soja Yofu Erdbeere 500 g und 4 x 125 g Becher	Pflanzlicher „Joghurt“		angereichert mit Kalzium

Alpro			
Alpro Soja Yofu Pfirsich 4 x 125 g Becher	Pflanzlicher „Joghurt“		angereichert mit Kalzium
Alpro Soja Yofu Waldfrucht 2 x 125 g Becher und Alpro Soja Yofu Obstgarten 2 x 125 g Becher	Pflanzlicher „Joghurt“		angereichert mit Kalzium
Alpro Soja Yofu Vanille/Kirsche 4 x 125 g Becher	Pflanzlicher „Joghurt“		angereichert mit Kalzium
Alpro Soja Cuisine	Creme fraiche und Sahne -Ersatz		
Alpro Tofu Natur			Für Suppen, Soßen... Wir haben den Tofu mit Quarkfein von Dr.Oetker probiert und einen „Käsekuchen“ gebacken.
Alpro Soja Frische Dessert Vanille auf Pfirsich 2 x 125 g Becher	Dessert		
Alpro Soja Frische Dessert Vanille auf Erdbeere 2 x 125 g Becher	Dessert		

Bahlsen KG Stammhaus Postfach 105 30001 Hannover www.Bahlsen.com			
Produkt-Name	**Produkt-Gruppe**	**Bezugsort** Notieren Sie sich Ihren Bezugsort (Welches Geschäft? Welcher Ort? Steht bei...)	**Extras**
ABC	Süße Artikel (Kekse, Russisch Brot)		
Azora	Süße Artikel (Orangenkekse)		
Comtess klein & fein Traube Rum	Kuchen		
Comtess Marmor Diät	Kuchen		
Conditola Haselnuss-Kuchen	Kuchen		Im Glas gebacken
Conditola Marzipan-Kuchen	Kuchen		Im Glas gebacken
Conditola Schoko-Kuchen	Kuchen		Im Glas gebacken

Bahlsen KG			
Gourmet Königskuchen	Kuchen		
Sandkuchen classic	Kuchen		
Sandkuchen Zitrone	Kuchen		
Sandkuchen Schoko	Kuchen		
Sandkuchen Marmor	Kuchen		
Zimtsterne	Kuchen		Im Herbst erhältlich
Comtess Zitrone Diät	Kuchen		
Sandkuchen Fürstenschnitte	Kuchen		

Böklunder Plumrose GmbH & Co.KG			
Produkt-Name	**Produkt-Gruppe**	**Bezugsort** Notieren Sie sich Ihren Bezugsort (Geschäft, Ort, steht bei...)	**Extras**
Böklunder 6 Hot Dogs American Style 300 g ohne Darm	Wurstwaren		
Böklunder 50 Hitkids Würstchen 300 g ohne Darm	Wurstwaren		
Böklunder 5 Geflügel-Würstchen 250 g ohne Darm	Wurstwaren		
Böklunder 6 Geflügel-Würstchen 180 g im Saitling	Wurstwaren		
Böklunder 6 Geflügel-Würstchen 250 g im Saitling	Wurstwaren		
Böklunder 5 Echte Land-Bockwurst 250 g ohne Darm	Wurstwaren		
Böklunder 5 Wiener Würstchen 250 g ohne Darm	Wurstwaren		
Böklunder 5 Geflügel-Würstchen 250 g ohne Darm	Wurstwaren		

Böklunder Plumrose GmbH & Co.KG			
Böklunder 44 Cocktailwürstchen 300 g ohne Darm	Wurstwaren		
Böklunder 22 Rostbratwurst 400 g ohne Darm	Wurstwaren		
Böklunder 22 Schinken-Griller 400 g ohne Darm	Wurstwaren		
Böklunder 22 Geflügel-Griller 400 g ohne Darm	Wurstwaren		
Böklunder 22 Curry-Griller 400 g ohne Darm	Wurstwaren		
Böklunder 5 Schinken Krakauer 500 g in Naturdarm	Wurstwaren		
Böklunder 10 Pikante Rost-bratwurst 500 g ohne Darm	Wurstwaren		
Böklunder 6 Pikante Rost-bratwurst 500 g in Naturdarm	Wurstwaren		
Böklunder 5 Schinken-Grillwurst 360 g ohne Darm	Wurstwaren		
Böklunder 3 Curry-Bratwurst 540 g ohne Darm	Wurstwaren		
Böklunder 9 Bauernbratwurst 720 g ohne Darm	Wurstwaren		

Böklunder Plumrose GmbH & Co.KG			
Böklunder 5 Geflügel-Bratwurst 360 g ohne Darm	Wurstwaren		
Böklunder 6 Geflügel-Bratwurst 500 g in Naturdarm	Wurstwaren		
Böklunder 8 Schweins- Würstl 300 g in Naturdarm	Wurstwaren		
Böklunder 8 Pikante Rost-bratwurst 720 g ohne Darm	Wurstwaren		
Böklunder 2 Bratwurst-schnecke 250 g in Naturdarm	Wurstwaren		
Böklunder 2 Pikante Rostbratwurst 200g in Naturdarm	Wurstwaren		

Buitoni

Nestlé Deutschland AG
Lyoner Strasse 23
60523 Frankfurt am Main

(Nestlé, Libby´s, Buitoni, Maggi, Thomy, TINO)

www.nestle.de (Hier erhalten Sie immer neuste Infos über milchfreie Produkte.)

Produkt-Name	**Produkt-Gruppe**	**Bezugsort** Notieren Sie sich Ihren Bezugsort (Geschäft, Ort, steht bei...)	**Extras**
BUITONI Pasta Classic: Cellentani, Eliche, Eliche Tricolore, Farfalle, Gnocchi, Linguine, Maccheroni, Penne Lisce, Penne Rigate, Spaghettini, Spaghetti, Tagliatelle, Tagliatelle verde, Tortiglioni	Teigwaren		
BUITONI Pasta speciale: Lasagne	Teigwaren		

Stand April 2002

Buttella Werk

49176 Hilter

Produkt-Name	**Produkt-Gruppe**	**Bezugsort** Notieren Sie sich Ihren Bezugsort (Geschäft, Ort, steht bei...)	**Extras**
Bellasan	Sonnenblumen-margarine		
Buttella	Sonnenblumen-margarine		
Bellasan	Pflanzenfett		
Pomfrin	Pflanzenfett		

Chupa Chups van Melle

Süßwarenhandels GmbH & Co. KG
Friedrich-Ebert-Allee 67-69
53113 Bonn

Produkt-Name	**Produkt-Gruppe**	**Bezugs-ort**	**Extras**
Mentos	Kaubonbons		Befinden sich meist im Kassenbereich
Cool Chews	Bonbons		
Toffee Lakritz	Bonbons		
Smint	Bonbons		Befinden sich meist im Kassenbereich
Fruchtlutscher	Lutscher		Gibt es auch als Surprise-lutscher! *Unbedingt auf Frucht-lutscher achten, da die anderen Geschmacks-richtungen Milchenthalten*!
Colalutscher	Lutscher		
Graffity Lutscher	Lutscher		
Lutscher & Gum	Lutscher		
XXL Super Sour			
Cocktaillutscher	Lutscher		
Wybert Lakritz-Pastillen	Bonbons		
Crazy Planet Hip Hops			

Conditorei
Coppenrath und Wiese
49492 Westerkappeln

Produkt-Name	**Produkt-Gruppe**	**Bezugsort** Notieren Sie sich Ihren Bezugsort (Geschäft, Ort, steht bei...)	**Extras**
Art.Nr. 55 Früchte-Strudel	Backwaren		Zum Fertigbacken
Art.Nr. 56 Apfel-Strudel	Backwaren		Zum Fertigbacken
Art.Nr. 601 „Unsere Goldstücke“	Backwaren		Brötchen zum Fertigbacken
Art.Nr. 58 Conditorei-Blätterteig	Backwaren		Zum Fertigbacken
Art.Nr. 605 Baguettes	Backwaren		Zum Fertigbacken
Art.Nr. 609 Mini-Baguettes	Backwaren		Zum Fertigbacken
Art.Nr. 39 Alt-Böhmischer-Apfel-Walnuss-Kuchen	Backwaren		Zum Fertigbacken
Art.Nr. 70 klein & fein Tiroler Apfel-kuchen	Backwaren		Zum Fertigbacken

EDORA

Industriestraße 4
63801 Kleinostheim

Alle Gewürze von **EDORA** sind kuhmilcheiweißfrei.

Feodora Chocolade GMBH & CO.

Vertriebszentrale Bremen
Westerstrasse 36
Bremen

Alle Edel-Bitter und Edel-Zartbitter-Schokoladen sind milcheiweißfrei hergestellt. **Feodora** verwendet außerdem keine künstliche Vanille, sondern Bourbon-Vanille zur Schokoladenherstellung.

Diese Schokoladen sind laut Rezeptur milchfrei, jedoch werden diese mit milchhaltigen Sorten auf gleichen Anlagen produziert. Deshalb können kleinste Mengen von Milchbestandteilen vorhanden sein.

Frießinger Mühle GmbH Brühlstraße 13 74206 Bad Wimpfen			
Produkt-Name	**Produkt-Gruppe**	**Bezugsort** Notieren Sie sich Ihren Bezugsort (Geschäft, Ort, steht bei...)	**Extras**
Alle Brotback-Mischungen außer Weißbrot	Backwaren		
Weizenmehl Type 405	Mühlenprodukt		
Weizenvollkorn-mehl Type 1700	Mühlenprodukt		
Roggenvollkorn-mehl Type 1740	Mühlenprodukt		
Backmehl Type 405	Mühlenprodukt		
Bauernmehl Type 1050	Mühlenprodukt		
Dinkelmehl Type 405	Mühlenprodukt		
Roggenmehl Type 1150	Mühlenprodukt		
Spätzlemehl Type 405	Mühlenprodukt		
Weizenmehl Type 550	Mühlenprodukt		
Dinkelreis	Mühlenprodukt		
Haferkleie	Mühlenprodukt		
Maisgrieß	Mühlenprodukt		
Maismehl	Mühlenprodukt		

Frießinger Mühle GmbH			
Salz	Mühlenprodukt		
Speisekleie	Mühlenprodukt		
Zucker	Mühlenprodukt		
Hartweizengrieß	Mühlenprodukt		
Weichweizen-grieß	Mühlenprodukt		
Kartoffelstärke	Nährmittel		
Speisestärke			
Traubenzucker	Nährmittel		
Jodsalz	Nährmittel		
Grießspeise	Nährmittel		Geeigneten Milchersatz verwenden
Milchreisspeise	Nährmittel		Geeigneten Milchersatz verwenden

Frigeo-Werk

Beltle GmbH u. Co.
Max-Eyth-Straße 12
71394 Kernen

Brausepulver und Zuckerwaren

Alle Produkte sind frei von Kuhmilcheiweiß.

HARIBO GmbH & Co.KG

Postfach 17 20
53007 Bonn

Leider hat **HARIBO** mir nur eine Produktliste zur privaten Nutzung zur Verfügung gestellt, ich darf sie also nicht veröffentlichen.

Allerdings können Sie sich direkt bei **HARIBO** unter der Rufnummer 0228/ 537-0 informieren.

Wendeln Brot- und Backwaren GmbH & Co.KG Postfach 1340 49676 Garrel **GOLDEN TOAST** **LIEKEN URKORN**			
Produkt-Name	**Produkt-Gruppe**	**Bezugsort** Notieren Sie sich Ihren Bezugsort (Geschäft, Ort, steht bei...)	**Extras**
GOLDEN TOAST American Hamburger	Backwaren/ Sandwich-Brötchen		
GOLDEN TOAST American Mega-Burger	Backwaren/ Sandwich-Brötchen		
GOLDEN TOAST American Hot-Dogs	Backwaren/ Sandwich-Brötchen		
GOLDEN TOAST 2er Baguette zum Fertigbacken	Backwaren/Brot		
GOLDEN TOAST 2er Baguette-Brötchen zum Fertigbacken	Backwaren/ Brötchen		
GOLDEN TOAST 4er Baguette-Brötchen zum Fertigbacken	Backwaren/ Brötchen		
GOLDEN TOAST 8er Sonntagsbrötchen	Backwaren/ Brötchen		
GOLDEN TOAST 8er Ciabatta-Brötchen	Backwaren/ Brötchen		

GOLDEN TOAST		LIEKEN URKORN	
GOLDEN TOAST 8er Gemischte Brötchen	Backwaren/ Brötchen		
GOLDEN TOAST Ciabatta 300 g	Backwaren/Brot		
GOLDEN TOAST Ciabattine 2 er	Backwaren/Brot		
LIEKEN URKORN Kerni Das Bäuerliche	Backwaren/Brot		
LIEKEN URKORN Kerni Dunkles Vollkornbrot	Backwaren/Brot		
LIEKEN URKORN Kerni Sonnenblumenbrot	Backwaren/Brot		
LIEKEN URKORN Das Vollkornsaftige	Backwaren/Brot		
LIEKEN URKORN Katenbrot	Backwaren/Brot		
LIEKEN URKORN Meisterstück	Backwaren/Brot		
LIEKEN URKORN Knäckebrot Delikateß	Backwaren/Brot		
LIEKEN URKORN Knäckebrot Ballaststoff	Backwaren/Brot		
LIEKEN URKORN Knäckebrot Sesam	Backwaren/Brot		

Harry - Brot GmbH Klebitzweg 15 - 19 22689 Schenefeld			
Produkt-Name	**Produkt-Gruppe**	**Bezugsort** Notieren Sie sich Ihren Bezugsort (Geschäft, Ort, steht bei...)	**Extras**
Baguette-Brötchen 2 oder 4 Stück	Backwaren		Brötchen zum Fertigbacken
Körnerbrötchen 4 Stück	Backwaren		Brötchen zum Fertigbacken
Brötchen 4 Stück	Backwaren		Brötchen zum Fertigbacken
Bäcker-Brötchen 8 Stück	Backwaren		Brötchen zum Fertigbacken
Mehrkorn-brötchen 8 Stück	Backwaren		Brötchen zum Fertigbacken
Gemischte Brötchen 8 Stück	Backwaren		Brötchen zum Fertigbacken
Panelino 400g	Backwaren		Brötchen zum Fertigbacken
Mini-Panelino 8 Stück	Backwaren		zum Fertigbacken
Classic Toast 3 - Korn Sonne	Backwaren		Toast
Classic Toast Vollkorn	Backwaren		Toast
Sammy´s Super Sandwich	Backwaren		Sandwich
Sammy`s Sandwich mit Vollkorn-Power	Backwaren		Sandwich
Weißbrot geschnitten	Backwaren		
Das volle Korn - Korn an Korn	Backwaren		Vollkornbrot

Harry - Brot GmbH			
Das volle Korn - Katen	Backwaren		Vollkornbrot
Das volle Korn - Schinken	Backwaren		Vollkornbrot
Sonnenkern	Backwaren		Vollkornbrot
1688 Steinofenbrot	Backwaren		Mischbrotschnitten
1688 Unser Mildes	Backwaren		Mischbrotschnitten
1688 Bäckerhochzeit	Backwaren		Mischbrotschnitten
1688 Vierkorn mit Leinsamen	Backwaren		Mischbrotschnitten
1688 Bergisches Landbrot	Backwaren		Mischbrotschnitten
1688 Kommißbrot	Backwaren		Mischbrotschnitten
Gerster	Backwaren		Mischbrotschnitten
Heidebrot	Backwaren		Mischbrotschnitten
Weltmeisterbrot	Backwaren		Mischbrotschnitten
Knolli Kartoffelbrot	Backwaren		Mischbrotschnitten
Das volle Korn - Urtyp	Backwaren		Ganzbrot
Sonnenkern	Backwaren		Ganzbrot
1688 Steinofenbrot	Backwaren		Ganzbrot
1688 Gerster	Backwaren		Ganzbrot
1688 Lüneburger	Backwaren		Ganzbrot
1688 Tiefenbroicher ges.	Backwaren		Ganzbrot
1688 Malz-Mehrkorn ges.	Backwaren		Ganzbrot
1688 Malfabrot	Backwaren		Ganzbrot
1688 Doppelkruste	Backwaren		Ganzbrot
Krustenbrot ges.	Backwaren		Bäckerfrisch-Brot
Weizenmischbrot ges.	Backwaren		Bäckerfrisch-Brot
Mehrkornbrot ges.	Backwaren		Bäckerfrisch-Brot

Harry - Brot GmbH			
Kürbiskernbrot ges.	Backwaren		Bäckerfrisch-Brot
Vollkornbrot ges.	Backwaren		Bäckerfrisch-Brot
Vollkornbrot mit Sonnenblumen-kernen	Backwaren		Bäckerfrisch-Brot
Gerter ges.	Backwaren		Bäckerfrisch-Brot
Kastenweizen ges.	Backwaren		Bäckerfrisch-Brot
Vitalbrot ges.	Backwaren		Bäckerfrisch-Brot

Aus produktionstechnischen Gründen kann keine Garantie für die absolute Milcheiweißfreiheit der Produkte gegeben werden.

Herta GmbH Westerholter Str.750-770 45697 Herten www.herta.de			
Produkt-Name	**Produkt-Gruppe**	**Bezugsort** Notieren Sie sich Ihren Bezugsort (Geschäft, Ort, steht bei...)	**Extras**
Teewurst grob und fein	Wurstwaren		Kühlregal
Truthahnbrust Virginia	Wurstwaren		Kühlregal
Urtyp Schinken	Wurstwaren		Kühlregal
Zwiebelsalami	Wurstwaren		Kühlregal
Stramme Jungs (Dörffler)	Wurstwaren		Konserven
Lange Kerls (Dörffler)	Wurstwaren		Konserven
Große Bengels (Dörffler)	Wurstwaren		Konserven
3 Kleine Dörffler	Wurstwaren		Konserven
5 Große Dörffler	Wurstwaren		Konserven
Knacki-Max	Wurstwaren		
Riesenbockwurst (Dörffler)	Wurstwaren		
Ochsenschwanz-suppe (Dörffler)	Suppen		
Blätterteig (Nestle)	Backwaren		
Gaucho			
Gnocci (Buitoni)			
Tagliatelle (Buitoni)	Teigwaren		
Jausenschinken	Wurstwaren		Kühlregal

Herta GmbH			
Holzfäller-schinken	Wurstwaren		Kühlregal
Truthahnwurst Virginia	Wurstwaren		Kühlregal
Nürnberger Rostbratwurst	Wurstwaren		Kühlregal
Truthahn-Salami	Wurstwaren		Kühlregal
Geräucherte Land-Rotwurst	Wurstwaren		Kühlregal
Westfälischer Saftschinken	Wurstwaren		Kühlregal
Westfälische Jagdwurst	Wurstwaren		Kühlregal
Cervelatwurst extra	Wurstwaren		Kühlregal
Grobe Leberwurst	Wurstwaren		Kühlregal
Truthahn-Mortadella	Wurstwaren		Kühlregal
Vesperhappen	Wurstwaren		Kühlregal
Feinster Lachsschinken	Wurstwaren		Kühlregal
Rostbratwurst	Wurstwaren		Kühlregal
Salami	Wurstwaren		Kühlregal
Röstzwiebelwurst	Wurstwaren		Kühlregal
Teewurst nach Rügenwalder Art	Wurstwaren		
Rein Geflügel-fleischwurst mit und ohne Knoblauch	Wurstwaren		Kühlregal
Delikateß Kalbsleberwurst	Wurstwaren		Kühlregal
Grill-Riesen	Wurstwaren		Kühlregal
Salami extra	Wurstwaren		Kühlregal
Geräucherte Landleberwurst	Wurstwaren		Kühlregal

Herta GmbH			
Saftige Fleischwurst mit und ohne Knoblauch	Wurstwaren		Kühlregal
Jubiläumsschinken mit und ohne Knoblauch	Wurstwaren		Kühlregal
Westfälische Bierwurst	Wurstwaren		Kühlregal
Kalbfleischwurst	Wurstwaren		Kühlregal
Pfälzer Kräuterleberwurst	Wurstwaren		Kühlregal
Truthahn-Grillbrust	Wurstwaren		Kühlregal
Peperoni extra scharf	Wurstwaren		Kühlregal
Luftgetrocknete Mettwurst	Wurstwaren		Kühlregal
Knoblauchwurst	Wurstwaren		Kühlregal
Grillbratwurst	Wurstwaren		Kühlregal
Bacon Bit	Wurstwaren		Kühlregal
Bauergeselchtes Karree	Wurstwaren		Kühlregal
Breakfast Bacon	Wurstwaren		Kühlregal
Cervelatwurst 1 a	Wurstwaren		Kühlregal
Countryschinken	Wurstwaren		Kühlregal
Delikatess Bierwurst	Wurstwaren		Kühlregal
Delikatess Bierschinken	Wurstwaren		Kühlregal
Delikatess Kalbsfleischwurst	Wurstwaren		Kühlregal
Delikatess Mortadella mit Pistazien	Wurstwaren		Kühlregal
Delikatess Paprika-Mortadella	Wurstwaren		Kühlregal

Herta GmbH			
Delikatess Schinkenjagdwurst	Wurstwaren		Kühlregal
Edelsalami	Wurstwaren		Kühlregal
Gutsleberwurst extra	Wurstwaren		Kühlregal
Hawaii-Schinken	Wurstwaren		Kühlregal
Herzhafte Leberrolle	Wurstwaren		Kühlregal
Knacki	Wurstwaren		Kühlregal
Königsbraten	Wurstwaren		Kühlregal
Landrauchschinken	Wurstwaren		Kühlregal
Pfeffersalami	Wurstwaren		Kühlregal
Farmerschinken Virginia	Wurstwaren		Kühlregal
Saftige Fleischwurst	Wurstwaren		Kühlregal
Salami 1 a	Wurstwaren		Kühlregal
Schinkenrotwurst	Wurstwaren		Kühlregal

Alle Angaben entsprechen dem derzeitigen Rezepturstand (06/02) und sind ohne Gewähr.

Hipp GmbH + CO.KG

Postfach 1551
86265 Pfaffenhofen/Ilm

Hipp: Bitte beachten Sie auch die Angaben auf dem Glas, sie sind maßgeblich, da sich durch kurzfristige Rezepturumstellungen Änderungen ergeben können.

Produkt-Name	Produkt-Gruppe	Bezugsort Notieren Sie sich Ihren Bezugsort (Geschäft, Ort, steht bei...)	Extras
Art.Nr. 260 Aprikosen in Banane	Hipp Früchte		
Art.Nr. 261/273/239 Äpfel mit Bananen	Hipp Früchte		
Art.Nr. 267 Baby-Apfel	Hipp Früchte		
Art.Nr .268 Heidelbeeren in Apfel	Hipp Früchte		
Art.Nr. 269/238 Banane und Pfirsich in Apfel	Hipp Früchte		
Art.Nr. 270 Birne in Apfel	Hipp Früchte		
Art.Nr. 271 Pfirsiche	Hipp Früchte		
Art.Nr. 272 Aprikosen-Früchte-zubereitung	Hipp Früchte		
Art.Nr. 274 Früchte-Dessert	Hipp Früchte		

Hipp GmbH + CO.KG			
Art.Nr. 276 Bio-Banane	Hipp Früchte		
Art.Nr. 277 Pfirsich in Banane	Hipp Früchte		
Art.Nr. 279/240 Williams-Christ-Birnen	Hipp Früchte		
Art.Nr .215 Kürbis mit Reis	Hipp Gemüsegarten		
Art. Nr. 206/207 Frühkarotten	Hipp Gemüsegarten		
Art.Nr .201 Karotten	Hipp Gemüsegarten		
Art.Nr. 203 Gemüse-Allerlei	Hipp Gemüsegarten		
Art.Nr. 204/211 Früh-Karotten mit Kartoffeln	Hipp Gemüsegarten		
Art.Nr. 210 Karotten mit Mais	Hipp Gemüsegarten		
Art.Nr. 247 Feiner Mais mit Kartoffelpüree und Bio-Pute	Hipp Baby-Menüs		
Art.Nr. 248 Schinkennudeln	Hipp Baby-Menüs		
Art.Nr. 249 Bio-Hühnchen in Karotten	Hipp Baby-Menüs		
Art.Nr. 250 Spaghetti in Sauce Bolognese	Hipp Baby-Menüs		
Art.Nr .251 Karotten mit Kartoffeln und Bio-Rindfleisch	Hipp Baby-Menüs		
Art.Nr. 253 Reis-Gemüsecreme mit Bio-Hühnchen	Hipp Baby-Menüs		

Hipp GmbH + CO.KG			
Art.Nr. 470 Gemüsereis mit Bio-Schweinefleisch	Hipp Baby-Menüs		
Art.Nr. 257 Karotten-Gemüse mit Kartoffeln und Bio-Pute	Hipp Baby-Menüs		
Art.Nr .381 Rindfleisch-zubereitung	Hipp Fleischzubereitung püriert		
Art.Nr .380 Putenfleisch-zubereitung	Hipp Fleischzubereitung püriert		
Art.Nr. 383 Hühnchen-zubereitung	Hipp Fleischzubereitung püriert		
Art.Nr. 350 Apfel mit Zwieback	Hipp Milde Früchte-Breie		
Art.Nr. 352 Banane mit Zwieback	Hipp Milde Früchte-Breie		
Art.Nr. 359 Früchte mit Reis	Hipp Milde Früchte-Breie		
Art.Nr. 338 Apfel mit Banane	Hipp Vollkorn-Früchte-Breie		
Art.Nr. 340/348 Feines Bircher-Müesli	Hipp Vollkorn-Früchte-Breie		
Art.Nr. 341 Bio-Banane	Hipp Vollkorn-Früchte-Breie		
Art.Nr. 342/347 Feiner Obst-Brei	Hipp Vollkorn-Früchte-Breie		
Art.Nr. 343 Milder Bio-Apfel	Hipp Vollkorn-Früchte-Breie		
Art.Nr. 435 Baby´s Bio-Kartoffelbrei extra mild	Hipp Baby´s Bio Kartoffelbreie		

Hipp GmbH + CO.KG			
Art.Nr. 436 Baby´s Bio-Kartoffelbrei mit Bio-Karotten	Hipp Baby´s Bio Kartoffelbreie		
Art.Nr. 520 Crispy Croco	Hipp Knusperflakes		
Art.Nr. 521 Chocolumbus	Hipp Knusperflakes		
Art.Nr. 522 Honey Honey	Hipp Knusperflakes		
Art.Nr .523 Häppis			
Art.Nr. 328 Kartoffel-Gemüse mit Bio-Rindfleisch	Hipp Junior Menüs		
Art.Nr. 329 Tomaten und Kartoffeln mit Bio-Hühnchen	Hipp Junior Menüs		
Art.Nr. 330 Spaghetti in Sauce Bolognese	Hipp Junior Menüs		
Art.Nr .378 Schinkennudeln in Tomaten	Hipp Junior Menüs		
Art.Nr. 331 Feiner Reis mit Karotten und Bio-Pute	Hipp Junior Menüs		
Art.Nr. 376 Tomatennudeln mit Bio-Schweinefleisch	Hipp Junior Menüs		
Art.Nr. 373 Karotten und Kartoffeln mit Bio-Rindfleisch	Hipp Junior Menüs		

Hipp GmbH + CO.KG			
Art.Nr. 334 Schinkennudeln mit Gemüse	Hipp Junior Menüs		
Art.Nr. 458 Tomatennudeln mit Bio-Schweinefleisch	Hipp Junior Menüs		
Art.Nr. 459 Feines Gemüse mit Bio-Hühnchen	Hipp Junior Menüs		
Art.Nr. 368 Gemüse und Nudeln mit Bio-Hühnchen	Hipp Junior Menüs		
Art.Nr. 370 Spaghetti Sauce Bolognese	Hipp Junior Menüs		
Art.Nr. 230 Früchte-Salat	Hipp Junior-Früchte		
Art.Nr. 232 Williams- Christ-Birne in Apfel	Hipp Junior-Früchte		
Art.Nr. 368 Gemüse und Nudeln mit Bio-Hühnchen	Hipp Kinder-Menüs		
Art Nr. 370 Spaghetti in Sauce Bolognese	Hipp Kinder-Menüs		
Art.Nr. 371 Feines Gemüse mit Truthahn	Hipp Kinder-Menüs		
Art.Nr. 373 Karotten und Kartoffeln mit Bio-Rindfleisch	Hipp Kinder-Menüs		
Art.Nr. 378 Schinkennudeln in Tomaten	Hipp Kinder-Menüs		

Hipp GmbH + CO.KG			
Art.Nr.500 Kinder-Spaghetti in Bolognese "Schneewittchen"	Hipp-Märchenland-Kindermenüs		
Art.Nr. 502 Schinkennudeln in feiner Tomatensauce „Dornröschen"	Hipp-Märchenland-Kindermenüs		
Art.Nr. 308 Apfel-Banane	Hipp-Trinkbrei		
Art.Nr. 546 Apfel-Banane-Pfirsich und Birne in Apfel	Hipp-Fruchtpause		
Art.Nr. 547 Pfirsich in Apfel und Apfelbanane			
Art.Nr. 772 Mehrkorn-Banane	Hipp-Bio-Getreidebrei		
Art.Nr .774 Baby-Reis	Hipp-Bio-Getreidebrei		
Art.Nr. 771 Bio-Bircher-Müsli	Hipp-Bio-Getreidebrei		
Art.Nr. 596 Bunter Gemüsereis mit Bio-Hühnchen-Nuggets	Hipp Soo groß!		
Art.Nr. 291/280 Karotten in Früchte-Saft	Hipp Säfte		
Art.Nr. 292 Baby-C-Saft	Hipp Säfte		
Art.Nr. 93/285 Reiner Karotten-Saft	Hipp Säfte		
Art.Nr. 281 Vitamin-C-Saft	Hipp Säfte		

Hipp GmbH + CO.KG			
Art.Nr. 282 Roter-Früchhte-Saft	Hipp Säfte		
Art.Nr. 295/284 Apfel-Trauben-Saft	Hipp Säfte		
Art.Nr. 286 Milder Apfelsaft	Hipp Säfte		
Art.Nr. 301 Apfel-Karotten-Saft	Hipp Säfte		
Art.Nr. 288 Multivitamin-Saft	Hipp Säfte		
Art.Nr. 420 Hisbiskustee mit Traubensaft	Hipp Tee & Saft		
Art.Nr. 421 Fencheltee mit Apfelsaft	Hipp Tee & Saft		
Art.Nr. 422 Kräutertee in Apfelsaft	Hipp Tee & Saft		
Art.Nr .423 Früchtetee mit Apfelsaft	Hipp Tee & Saft		
Art.Nr. 425 Bio-Apfel	Hipp Frucht-Schorle		
Art.Nr. 426 Bio-Traube	Hipp Frucht-Schorle		
Art.Nr. 428 Rote-Bio-Früchte	Hipp Frucht-Schorle		
Art.Nr. 414 Bio-Fenchel	Hipp Bio-Tee im Aufgußbeutel		
Art.Nr. 415 Bio Kräuter	Hipp Bio-Tee im Aufgußbeutel		
Art.Nr. 407 Babys erster Tee Fenchel	Hipp-Baby-Tee		
Art.Nr .416 Gute-Nacht-Tee	Hipp-Baby-Tee		

Hipp GmbH + CO.KG			
Art.Nr. 417 Wohlfühl-Tee	Hipp-Baby-Tee		
Art.Nr. 398 Fencheltee	Hipp Junior-Tee		
Art.Nr. 399 Früchtetee	Hipp Junior-Tee		

HOWE GmbH & CO.KG

Nürnberger Bratwurstfabrikation
Regenstraße 1
90451 Nürnberg

Die Firma **HOWE** verarbeitet weder Milch noch Milchbestandteile in ihrer Wurst.

Die Nürnberger Bratwürstchen sind z. B. erhältlich bei ALDI.

Kathi

Backmischungen- Backzutaten- Mehle
Rainer Thiele GmbH
Nahrungsherstellung
Berliner Straße 216
06116 Halle/Saale

Produkt-Name	**Produkt-Gruppe**	**Bezugsort** Notieren Sie sich Ihren Bezugsort (Geschäft, Ort, steht bei...)	**Extras**
Tortenmehl	Backwaren		Ohne Zusatz von Milcherzeugnissen hergestellt
Biskuit	Backwaren		
Englischer Kuchen	Backwaren		Ohne Zusatz von Milcherzeugnissen hergestellt
Schokosplit	Backwaren		Ohne Zusatz von Milcherzeugnissen hergestellt
Marmorkuchen	Backwaren		Ohne Zusatz von Milcherzeugnissen hergestellt
Brandteig	Backwaren		Ohne Zusatz von Milcherzeugnissen hergestellt
Herrenkuchen	Backwaren		Ohne Zusatz von Milcherzeugnissen hergestellt
Nußkuchen	Backwaren		Ohne Zusatz von Milcherzeugnissen hergestellt
Diabetiker Mürbeteig	Backwaren		Ohne Zusatz von Milcherzeugnissen hergestellt
Diabetiker Hefeteig	Backwaren		

Kathi			
Diabetiker Kuchenmehl	Backwaren		Ohne Zusatz von Milcherzeugnissen hergestellt
Diabetiker Marmorkuchen	Backwaren		Ohne Zusatz von Milcherzeugnissen hergestellt
Diabetiker Nußkuchen	Backwaren		Ohne Zusatz von Milcherzeugnissen hergestellt
Diabetiker Schokosplit	Backwaren		Ohne Zusatz von Milcherzeugnissen hergestellt
Diabetiker Zitronenkuchen	Backwaren		Ohne Zusatz von Milcherzeugnissen hergestellt
Mandelgebäck	Backwaren		Ohne Zusatz von Milcherzeugnissen hergestellt
Kartoffelbrot	Backwaren		Ohne Zusatz von Milcherzeugnissen hergestellt
Brot-Snacks	Backwaren		Ohne Zusatz von Milcherzeugnissen hergestellt
Ciabatta-Brot	Backwaren		Ohne Zusatz von Milcherzeugnissen hergestellt
Kleiner Bäcker Plätzchen	Backwaren		Ohne Zusatz von Milcherzeugnissen hergestellt
Waffelteig	Backmischung		Geeigneten Milch –und Fettersatz verwenden
Winterwaffeln	Backmischung		Geeigneten Milch –und Fettersatz verwenden
Fest-Muffins	Backmischung		Geeigneten Milch –und Fettersatz verwenden

Kathi			
Nußtaler	Backmischung		Geeigneten Milch –und Fettersatz verwenden
Zitronenkuchen	Backmischung		Die Backmischung enthält keine Milcherzeugnisse . !!! Keine Glasur verwenden, da diese Milch enthält!!!
Streuselteig	Backmischung		
Obstkuchenteig	Backmischung		
Mürbeteig	Backmischung		

Kellogg`s Auf der Muggenburg 30 28217 Bremen www.kellogs.de			
Produkt-Name	**Produkt-Gruppe**	**Bezugsort** Notieren Sie sich Ihren Bezugsort (Geschäft, Ort, steht bei...)	**Extras**
KELLOGG´S NUTRI –GRAIN 7 Früchte Müsli	Ceralien		
KELLOGG´S CORN FLAKES VOLLKORN	Ceralien		Soja-Milch, Reis-Milch, Fruchtsäfte verwenden
KELLOGG´S CORN FLAKES DIE ORIGINALEN	Ceralien		Soja-Milch, Reis-Milch, Fruchtsäfte verwenden
KELLOGG´S CORN FLAKES VOLLKORN & FRÜCHTE	Ceralien		Soja-Milch, Reis-Milch, Fruchtsäfte verwenden
KELLOGG´S RICE KRISPIES	Ceralien		Soja-Milch, Reis-Milch, Fruchtsäfte verwenden
KELLOGG´S SMACKS	Ceralien		Soja-Milch, Reis-Milch, Fruchtsäfte verwenden

Kellogg`s			
KELLOGG´S TOPPAS	Ceralien		Soja-Milch, Reis-Milch, Fruchtsäfte verwenden
KELLOGG´S TOPPAS TRAUBE	Ceralien		Soja-Milch, Reis-Milch, Fruchtsäfte verwenden
KELLOGG´S MÜSLIX COCOS	Müsliriegel		„für unterwegs“
KELLOGG´S MÜSLIX HASELNUSS	Müsliriegel		„für unterwegs“
KELLOGG´S FROOT LOOPS	Cerealien		Soja-Milch, Reis-Milch, Fruchtsäfte verwenden
KELLOGG´S FROSTIES	Cerealien		Soja-Milch, Reis-Milch, Fruchtsäfte verwenden
KELLOGG´S FROSTIES ZIMT	Cerealien		Soja-Milch, Reis-Milch, Fruchtsäfte verwenden
KELLOGG´S HONEY LOOPS	Cerealien		Soja-Milch, Reis-Milch, Fruchtsäfte verwenden
KELLOGG´S CORN FLAKES MEHRKORN & FRÜCHTE	Cerealien		Soja-Milch, Reis-Milch, Fruchtsäfte verwenden
KELLOGG´S POPS	Cerealien		Soja-Milch, Reis-Milch, Fruchtsäfte verwenden

Kühne Carl Kühne KG (GmbH & Co.) Schützenstraße 38 22761 Hamburg			
Produkt-Name	**Produkt-Gruppe**	**Bezugsort** Notieren Sie sich Ihren Bezugsort (Geschäft, Ort, steht bei...)	**Extras**
Salatfix kräuterwürzig	Dressing		1 l Flasche, 0,5 l Flasche, 75 ml Beutel
Salatfix italienisch	Dressing		0,5 l Flasche
Salatfix Balsamico	Dressing		0,5 l Flasche, 75 ml Beutel
Salatfix Honig-Senf	Dressing		0,5 l Flasche
Gourmet-Sauce Mexico Sauce mit Mais und Chili	Sauce		250 ml
Gourmet-Sauce Steak-Sauce mit Mango-Chutney	Sauce		
Gourmet-Sauce Hot Chili Sauce feurig scharf mit Chilistückchen	Sauce		
Gourmet Sauce Barbecue Sauce mit amerikanischem Hickory Rauchsalz	Sauce		
Gourmet Sauce Salsa Sauce mittelscharf, mit Jalapeno Pfeffer	Sauce		
Gourmet Sauce Taco Sauce, scharf und würzig	Sauce		

Kühne			
Gourmet Sauce Asia Sauce „China“, süßsauer, fruchtig	Sauce		
Gourmet Sauce Tomato Italiano mit Oliven oder mit Kräutern oder mit Knoblauch oder mit Bolognese oder mit Tomatenstücken	Sauce		
Tomatenmark			100g oder 200 g Tube
Paprikamark			100 g Tube
Tomaten Ketchup			20 ml Beutel oder 10 kg Eimer
Curry Ketchup			10 kg Eimer
Spezial-Ketchup			10 kg Eimer
Röstzwiebeln			100 g Klarsichtbecher
Zitrona fruchttrüb			200 ml Flasche oder 4 ml Portionsbeutel
Gemüse-meerrettich			680 g Glas oder 2,5 kg Eimer
Fertigsauce für Kartoffelsalat-klassisch mit feinen Kräutern			250 ml Glas
Delikateß Mayonnaise 80%			100 ml Tube
Remoulade mit Kräutern 50 %			100 ml Tube, 200 ml Tube, 250 ml Glas
Kikkoman Soja-Sauce			
Kikkoman Soja-Sauce, süß			250 ml Flasche

Kühne			
Kikkoman Teriyaki Marinade			250 ml Flasche
Rote Grütze Gartenfrüchte	Dessert		500 g Glas oder 3100 ml Dose
Rote Grütze Gartenfrüchte leicht	Dessert		500 g Glas oder 3100 ml Dose
Waldfrüchte	Dessert		500 g Glas
Sauerkirschen	Dessert		500 g Glas
Preiselbeeren	Dessert		212 ml Glas
Alle Essigsorten			
Kühnesenf mittelscharf würzig, nach altem Hausrezept			
Kühnesenf körnig kräftig-würzig mit Sherry-Essig			
Kühnesenf scharf aus Dijon französisches Originalrezept			
Kühnesenf Kräuter mild-würzig, mit feine Kräutern			
Kühnesenf bayerisch-süß körnig vermahlen			
Senf, würzig pikant			
Schlemmertöpfchen Feine Gürkchen, pikant-würzig			
Schlemmertöpfchen Knoblauchgürkchen	Gemüse		
Schlemmertöpfchen Feine Senfgurken	Gemüse		
Schlemmertöpfchen Kräuterzwiebeln	Gemüse		
Schlemmertöpfchen Rote Bete Kugeln	Gemüse		

Kühne			
Schlemmertöpfchen Pepperoncini	Gemüse		
Schlemmertöpfchen Scharfe Gürkchen, feurig -scharf	Gemüse		
Schlemmertöpfchen Süße Gürkchen, mild würzig	Gemüse		
Anti Pasto Italiano getrocknete Tomaten	Gemüse		
Anti Pasto Italiano Zwiebeln in Aceto Balsamico	Gemüse		
Anti Pasto Italiano italienisches Gemüse	Gemüse		
Anti Pasto Italiano Paprikastücke	Gemüse		
Anti Pasto Italiano Artischokenherzen	Gemüse		
Alle Gurkenprodukte	Gemüse		
Silberzwiebeln	Gemüse		
Mixed Pickles	Gemüse		
Tomatenpaprika	Gemüse		
Maiskölbchen	Gemüse		
Peperoni feurigscharf	Gemüse		
Peperoni mild	Gemüse		
Kürbis	Gemüse		
Rote Bete	Gemüse		
Feinsaures Gemüse Karottensalat Feinschnitt	Gemüse		
Feinsaures Gemüse Bohnensalat	Gemüse		
Feinsaures Gemüse Wachsbohnensalat	Gemüse		

Kühne			
Feinsaures Gemüse Selleriesalat	Gemüse		
Feinsaures Gemüse Dalmatia- Salat	Gemüse		
Feinsaures Gemüse Mexico-Salat	Gemüse		
Feinsaures Gemüse Puszta-Salat	Gemüse		
Feinsaures Gemüse Rotkraut-Salat	Gemüse		
Weißkraut-Salat	Gemüse		
Schlesische Gurkenhappen (Diät)	Gemüse		
Rote Bete Scheiben (Diät)	Gemüse		
Rotkohl, servierfertig	Gemüse		
Grünkohl, küchenfertig	Gemüse		
Holsteiner Apfelrotkohl	Gemüse		
Rotkohl, küchenfertig	Gemüse		
Rotkohl-leicht	Gemüse		
Apfelrotkohl, feinabgeschmeckt	Gemüse		
Holsteiner Grünkohl	Gemüse		
Grünkohl, Oldenburger Art	Gemüse		
Ananasweinkraut	Gemüse		
Sauerkraut mild	Gemüse		
Sauerkraut "Spreewälder Art"	Gemüse		
Holsteiner Fasskraut	Gemüse		

Kühne			
Sauerkraut, pasteurisiert	Gemüse		
Weinkraut, pasteurisiert	Gemüse		

Kunterbunt (diverse Produkte)			
Produkt-Name	**Produkt-Gruppe**	**Bezugs-ort**	**Extras**
Laugenbrezeln (von Wollbacher) **Blätterteig**	Tiefkühl-produkt zum Fertigbacken	Kaufland, TOOM	Wollbacher Brot GmbH 86441 Wollsbach
Haselnuss - Aufstrich (Chocoreale)	Süßer Aufstrich („Nutella“ – Ersatz)	Verkauf und Versand siehe Spalte rechts	Vegan-Shop & Versand Höhenstr. 50 60385 Frankfurt-Bornheim
Ice Cream Cups	Eiswaffeln zum Füllen	Keebler Company	In den USA erhältlich (über Verwandte schicken lassen oder aus dem Urlaub mitbringen lassen)
Comet Cups	Eiswaffeln zum Füllen	Nabisco/USA	s.o. Diese Waffeln lassen sich gut mit Biskuitteig füllen und backen (evt. mit Schokoguss überziehen)

Kunterbunt (diverse Produkte)			
Pop-Tarts	Toast-Stücke gefüllt mit Erdbeercreme, Zimt-Zucker und andere Geschmacks-richtungen	Kellogg`s USA gibt es in Deutschland zu kaufen bei Indian Silver Store Am Eicken 2 58849 Herscheid **oder** C.M.C. The Food Company GmbH Elbestraße 40 45478 Mühlheim a.d.Ruhr	Die milchfreien Sorten sind mit „Milk-Free" gekennzeichnet. Die Pop-Tarts kann man toasten oder so verzehren. Sie sind separat verpackt und damit zum mitnehmen geeignet
Flour Tortillas	Flache Pfannkuchen; geeignet für süße und pikante Füllungen	Netto, TOOM	Old El Paso Pillsbury GmbH 22041 Hamburg
Chocolate Sandwich Cookies	Schoko-Kekse	American Fare/USA	In den USA erhältlich (über Verwandte schicken lassen oder aus dem Urlaub mitbringen lassen)
Kellogg`s Froot Loops, Corn Pops, Apple Jacks	Cerealien	TOOM	
Hash Browns	Amerikanische Bratkartoffeln	Betty Crocker / USA	In den USA erhältlich (über Verwandte schicken lassen oder aus dem Urlaub mitbringen lassen)

Kunterbunt (diverse Produkte)			
Jiffy muffin mix apple cinnamon	Amerik. Apfel-Zimt-Pfannkuchen	Chelsea Miling Company, Michigan	Erhältlich über Indian Silver Store Am Eicken 2 58849 Herscheid
Popcorn			Auf den Vermerk Pflanzenöl achten! Es gibt auch Butter-Popcorn!
Marzipan-Schokolade von Ritter-Sport, Halbbitter-Schokolade von Ritter-Sport, Pfefferminz von Ritter-Sport	Schokolade	Supermärkte, Tankstellen, Kiosk	Diese Schokolade ist rezeptorisch frei von Milchbestandteilen. Ritter-Sport schließt allerdings kleinste Milchreste nicht aus (produktions-technisch bedingt).
Tortellini mit Gemüsefüllung	Nudeln	Reformhaus	Dàngelo GmbH 66740 Saarlouis
Torteletts	Gebäck zum Belegen mit Obst	Reformhaus	3Pauly 35085 Ebsdorfergrund
Bio Negro von Rapunzel	Schokolade	Naturkostladen	
Schokoladen-Weihnachtsmann	Schokoladen-Hohlfigur	Vegan-Shop Frankfurt	Hersteller: Barnhouse Naturprodukte GmbH 84453 Mühldorf
1 a Salami von der Firma Könecke	Wurstwaren	ALDI	Karl Könecke GmbH & Co.KG 28309 Bremen
Sojaghurt-Ferment von Granovita	Soja-Joghurt	Reformhaus, Naturkostladen	Soghurt zum Selbstherstellen von -Dressings -Schoko-Soghurt -Soghurt

Kunterbunt (diverse Produkte)			
Schokolade mit Minze **Schokolade mit Kokos**	Schokolade	Vegan-Shop Frankfurt	Hersteller: RAPUNZEL NATURKOST AG 87764 Legau
Veggie-Slices	Soja-Scheiben-Schmelz-Käse; Viele Sorten	ACHTUNG enthält CASEIN aus Trockenmager-milch ! Verträglichkeit beachten!!!	In den USA erhältlich (über Verwandte schicken lassen oder aus dem Urlaub mitbringen lassen)
Nürnberger Bratwürste von HOWE	Grillwürstchen	ALDI	HOWE GmbH u. CO.KG Regenstr.1 90451 Nürnberg
Wiener Würstl von Ponnath	Wurstwaren	ALDI	Ponnath 95478 Kemnath
-Atemgold Plus **-Atemgold Plus ohne Zucker** **-Gletschereis** **-Granini Kirsch, Multivitamin, Orange Pfirsich** **-Rachengold: Citrus Aktiv, Citrus Aktiv ohne Zucker, Extra stark, Extra stark ohne Zucker, Kräuter Aktiv, Kräuter Aktiv ohne Zucker** **-Velement**	Bonbons	Supermarkt, Kiosk, Tankstellen	Ragolds Ragolds

Kunterbunt (diverse Produkte)			
Skittles (MM-Mars)	Süßwaren	In den USA erhältlich bzw. auch in PX und an manchen Tankstellen	Sehen aus wie Smarties sind aber mit Geleefüllung
Knabber-Esspapier Backoblaten	Süßwaren	Firma Küchle	
Brausestäbchen	Brause-Produkte	Firma Sadex	Keine Milch oder Erdnußverwendung
TK-Brezen	Backwaren	ALDI	Bäcker Bachmeier 84307 Eggenfelden
Mint-Linsen	Süßwaren	Apotheke	Pharmavertrieb Arndt GmbH Friedrich-Ebert-Str.63 26954 Nordenham kda-Pharma
Cigarettes Russes von Delacre	Kekse	Wal-Mart, Real ,	Nur als Monoprodukt empfohlen.

Langnese- Iglo GmbH

Dammtorwall 15
20355 Hamburg

Produkt-Name	Produkt-Gruppe	Bezugsort Notieren Sie sich ihren Bezugsort (Geschäft, Ort, steht bei...)	Extras
Junger Spinat Minis 750 g oder 450 g	Tiefkühlgemüse		Im Tiefkühlregal zu finden (Iglo)
Würzspinat Minis 750 g oder 450 g	Tiefkühlgemüse		Im Tiefkühlregal zu finden (Iglo)
Portionierbarer Blattspinat 450 g	Tiefkühlgemüse		Im Tiefkühlregal zu finden (Iglo)
Junge Erbsen 450 g	Tiefkühlgemüse		Im Tiefkühlregal zu finden (Iglo)
Broccoli-Röschen 300 g	Tiefkühlgemüse		Im Tiefkühlregal zu finden (Iglo)
Prinzessbohnen 300 g	Tiefkühlgemüse		Im Tiefkühlregal zu finden (Iglo)
Rosenkohl-Röschen 450 g	Tiefkühlgemüse		Im Tiefkühlregal zu finden (Iglo)
Erbsen und Karotten 450 g	Tiefkühlgemüse		Im Tiefkühlregal zu finden (Iglo)

Langnese- Iglo GmbH			
Farmers Gemüse 450 g	Tiefkühlgemüse		Im Tiefkühlregal zu finden (Iglo)
Gourmet-Gemüse 450 g	Tiefkühlgemüse		Im Tiefkühlregal zu finden (Iglo)
Primaveera-Gemüse 420 g	Tiefkühlgemüse		Im Tiefkühlregal zu finden (Iglo)
Grünkohl 600 g oder 450 g	Tiefkühlgemüse		Im Tiefkühlregal zu finden (Iglo)
Suppengemüse 450 g	Tiefkühlgemüse		Im Tiefkühlregal zu finden (Iglo)
Apfel-Rotkohl Minis 750 g oder 450 g	Tiefkühlgemüse		Im Tiefkühlregal zu finden (Iglo)
Balkangemüse 300 g	Tiefkühlgemüse		Im Tiefkühlregal zu finden (Iglo)
Pfannengemüse "Bauern Art" 300 g	Tiefkühlgemüse		Im Tiefkühlregal zu finden (Iglo)
Pfannengemüse "Französisch"	Tiefkühlgemüse		Im Tiefkühlregal zu finden (Iglo)
Kräuter der Provence 25 g	Kräuter		Im Tiefkühlregal zu finden (Iglo)
Petersilie 25 g	Kräuter		Im Tiefkühlregal zu finden (Iglo)
Suppengrün 50 g	Kräuter		Im Tiefkühlregal zu finden (Iglo)

Langnese- Iglo GmbH			
Dill 25 g	Kräuter		Im Tiefkühlregal zu finden (Iglo)
Schnittlauch 25 g	Kräuter		Im Tiefkühlregal zu finden (Iglo)
8 Kräuter gemischt 25 g	Kräuter		Im Tiefkühlregal zu finden (Iglo)
Salatkräuter 25 g	Kräuter		Im Tiefkühlregal zu finden (Iglo)
Basilikum 25g	Kräuter		Im Tiefkühlregal zu finden (Iglo)
Italienische Kräuter 25 g	Kräuter		Im Tiefkühlregal zu finden (Iglo)
Zwiebel-Duo 50 g	Kräuter		Im Tiefkühlregal zu finden (Iglo)
Knoblauch-Duo 25 g	Kräuter		Im Tiefkühlregal zu finden (Iglo)
Geflügel-Steaklets 300 g	Geflügel		Im Tiefkühlregal zu finden (Iglo)
Fischstäbchen 450 g, 300 g oder 150 g	Fischstäbchen		Im Tiefkühlregal zu finden (Iglo)
Schlemmer-Filet a la Bordelaise 400 g	Fisch-Gericht		Im Tiefkühlregal zu finden (Iglo)
Schlemmer-Filet Champignon 400 g	Schlemmer-Gericht		Im Tiefkühlregal zu finden (Iglo)
Filegro Müllerin Art 250 g	Fisch-Gericht		Im Tiefkühlregal zu finden (Iglo)

Langnese- Iglo GmbH			
Filegro in Eihülle 250 g	Fisch-Gericht		Im Tiefkühlregal zu finden (Iglo)
Feine Scholle „Sylter Art“ 250 g	Fisch		Im Tiefkühlregal zu finden (Iglo)
Feine Scholle Filets Schollen 250 g	Fisch		Im Tiefkühlregal zu finden (Iglo)
Capri	Eis		Langnese
8 Mini Calippo Orange	Eis		Langnese
8 Mini Calippo Limette	Eis		Langnese
12 mini fruit Apfel	Eis		Langnese
12 mini fruit Orange	Eis		Langnese
Solero Ice	Eis		Langnese Nur die Sorte **Ice** ist milchfrei
Calippo Erdbeer	Eis		Langnese
Calippo Cola	Eis		Langnese
Mister Long	Eis		Langnese
Super Twister	Eis		Langnese
Flutschfinger	Eis		Langnese

LEIMER Gebrüder Leimer KG Nahrungsmittelwerk Kotzinger Str.16 83265 Traunstein			
Produkt-Name	**Produkt-Gruppe**	**Bezugsort** Notieren Sie sich Ihren Bezugsort (Geschäft, Ort, steht bei...)	**Extras**
Bruschetta Knoblauch/ Basilikum	Nährmittel		auch zum Mitnehmen für unterwegs geeignet
Bruschetta Zwiebel/Oregano	Nährmittel		auch zum Mitnehmen für unterwegs geeignet
Croutons Chili	Nährmittel/Salatbeigabe		auch zum Mitnehmen für unterwegs geeignet
Croutons Kräuter	Nährmittel/Salatbeigabe		auch zum Mitnehmen für unterwegs geeignet
Croutons ungewürzt	Nährmittel/Salatbeigabe		auch zum Mitnehmen für unterwegs geeignet
Croutons Zwiebel/Knoblauch	Nährmittel/Salatbeigabe		auch zum Mitnehmen für unterwegs geeignet
Eier-Schöberl	Nährmittel		
Fisch-Panat	Nährmittel		

LEIMER			
Muschelmehl	Nährmittel		
Panat	Nährmittel		
Paniermehl	Nährmittel		
Paniermehl Gold	Nährmittel		
Roggen-Minis	Nährmittel		
Semmel-Brösel	Nährmittel		
Semmel-Würfel	Nährmittel		
Vollkornbrösel	Nährmittel		

Libby`s

Nestlé Deutschland AG
Lyoner Strasse 23
60523 Frankfurt am Main

(Nestlé, Libby´s, Buitoni, Maggi, Thomy, TINO)

www.nestle.de (Hier erhalten Sie immer neuste Infos über milchfreie Produkte.)

Produkt-Name	**Produkt-Gruppe**	**Bezugsort** Notieren Sie sich Ihren Bezugsort (Geschäft, Ort, steht bei...)	**Extras**
Libby´s Ananas in Scheiben, Dessert-Stücke	Früchte		
Libby`s Aprikosen halbe Frucht	Früchte (von Libby´s)		
Libby`s Birnen-Dessert-Viertel	Früchte		
Libby`s Fruchtcocktail	Früchte		
Libby`s Kuchen-Aprikosen (in Vierteln)	Früchte		
Libby`s Mandarin-Orangen	Früchte		
Libby`s Natursüß: Ananas Dessert-Würfel, Ananas in Scheiben	Früchte		

Libby`s			
Libby`s Natursüß: Aprikosen-halbe Frucht	Früchte		
Libby`s Natursüß: Birnen-halbe Frucht	Früchte		
Libby`s Natursüß: Fruchtcocktail	Früchte		
Libby`s Natursüß: Mandarin-Orangen	Früchte		
Libby`s Natursüß: Pfirsiche-halbe Frucht, Pfirsich in Schnitten, Tortenpfirsiche in Schnitten	Früchte		
Libby`s Williams Christ Birnen: halbe Frucht	Früchte		
Libby`s Spargelabschnitte	Gemüse		
Libby`s Spargelköpfe	Gemüse		
Libby`s Stangenspargel	Gemüse		

Stand April 2002

Lindt & Sprüngli Chocoladenfabriken Süsterfeldstr.130 52072 Aachen			
Produkt-Name	**Produkt-Gruppe**	**Bezugsort** Notieren Sie sich Ihren Bezugsort (Geschäft, Ort, steht bei...)	**Extras**
Zartbittertafeln	Schokolade		
Exellence Tafeln 70%, 85% und 99% Cacao	Schokolade		
Hauchdünne Täfelchen Edelbitter	Schokolade		

LOTUS BAKERIES

Schumannstraße 33
52146 Würselen

Produkt-Name	**Produkt-Gruppe**	**Bezugsort** Notieren Sie sich Ihren Bezugsort (Geschäft, Ort, steht bei...)	**Extras**
Original Karamelgebäck	Gebäck	Metro	wird oft in Restaurants zum Kaffee gereicht
6 Korn Karamelgebäck	Gebäck		
Soft Frischeiwaffeln mit und ohne Puderzucker	Gebäck		
Flash Frischeiwaffeln mit und ohne Puderzucker	Gebäck		
Parisette	Gebäck		
Galette Fine Knusperwaffeln	Gebäck		
Corine	Gebäck		
Minikuchen Natur und Himbeere	Gebäck		
Großkuchen	Gebäck		

Ludwig Schokolade GmbH & CO.KG Lebacher Straße 1-3 66740 Saarlouis **(Trumpf / NOVESIA / Regent / Mauxion)**			
Produkt-Name	**Produkt-Gruppe**	**Bezugsort** Notieren Sie sich Ihren Bezugsort (Geschäft, Ort, steht bei...)	**Extras**
Fritt Kaubonbon (Erdbeer, Kirsch, Orange, Zitrone)	Süßwaren	ALDI	
Fritt Saure Frittis	Süßwaren		
Goldtaler	Süßwaren		Meist in der Weihnachtszeit erhältlich
Quick Drink	Getränkepulver/ Kakao		
Tropengold	Getränkepulver / Kakao		Geeigneten Milchersatz verwenden!
Trumpf Kakao dunkel	Getränkepulver zum Backen und Kochen		Geeigneten Milchersatz verwenden!

MAGGI

Nestlé Deutschland AG
Lyoner Strasse 23
60523 Frankfurt am Main

(Nestlé, Libby´s, Buitoni, Maggi, Thomy, TINO)

www.nestle.de (Hier erhalten Sie immer neuste Infos über milchfreie Produkte.)

Produkt-Name	**Produkt -Gruppe**	**Bezugsort** Notieren Sie sich ihren Bezugsort (Geschäft, Ort, steht bei...)	**Extras**
MAGGI Würze	Würzmittel	EDEKA, Kaufland, TOOM, Real, Wal-Mart	
MAGGI Fondor	Würzmittel		
MAGGI Würzmischung Nr.1 - Typ Pfeffer	Würzmittel		
MAGGI Würzmischung Nr.2 - Muskat	Würzmittel		
MAGGI Würzmischung Nr.3 - Paprika	Würzmittel		
MAGGI Würzmischung Nr.4 - Salat/Fisch	Würzmittel		
MAGGI Würzmischung Nr.5 - Hackfleisch	Würzmittel		
MAGGI Würzmischung Nr.6 - Typ Italienisch	Würzmittel		

MAGGI			
MAGGI Würzmischung Nr.7 - Typ Kräuter provencale	Würzmittel		
MAGGI Bratenfond classic	Soße		
MAGGI Soße zum Braten	Soße		
MAGGI Delikatess Soßen: - Jägersoße - Pfeffersoße - Soße zum Geflügel - Soße zum Gulasch - Soße zum Hackbraten - Soße zum Rinderbraten - Soße zum Sauerbraten - Soße zum Schweinebraten - Tomatensoße - Zwiebelsoße	Soße		
MAGGI Meisterklasse - Jäger-Sauce - Zubereitung für Pfeffer - Rahmsauce - Zwiebelsauce	Soße		
MAGGI - Fix : - Für Rouladen - Für Omelett mit Speck und Zwiebeln - Für Spaghetti Bolognese			

MAGGI			
MAGGI Brühen: **- Bouillon Mediterranea** **- Brühwürfel** **- Gekörnte Brühe** **- Klare Fleischsuppe** **- Klare Gemüsebrühe** **- Klare Hühnersuppe** **- Klare Hühnersuppe extra** **- Klare Suppe mit Suppengrün**	Suppen		
MAGGI Gourmet Bouillon: **- Gemüse** **- Rind**	Suppen		
MAGGI **- 5 Minuten Terrine Hühner Nudeltopf (ab MHD 12/2002)** **- 5 Minuten Terrine Nudeln in Gulaschsoße** **- 5 Minuten Terrine Spaghetti Bolognese** **- 5 Minuten Terrine Spaghetti in Tomatensoße**	Fertiggericht		
MAGGI Suppenterrine (ab MHD 03/2003): **- Gemüsebouillon mit Nudeln** **-Tomatensuppe mit Nudeln**	Fertiggericht		

MAGGI			
MAGGI **Ein Teller** **Fertiggericht:** **- Ravioli Bolognese**	Fertiggericht		
MAGGI **Pastaria:** **Spirelli Bolognese**			
MAGGI **Ravioli:** **- Diavoli** **- Gemüse** **- in pikanter Sauce** **- in Tomatensauce**	Fertiggericht		
MAGGI **Wrap it:** **Wraps Buffalo**			
MAGGI Fix für: **- Bologneser Gratin** **- Braten** **- Chili con Carne** **- Gulasch** **- Hackbraten** **(ab MHD 03/2003)** **- Jägertopf** **- "Hubertus"** **- Lasagne** **- Rouladen** **- Schweinebraten** **- Serbisches Reisgericht** **- Spaghetti Bolognese** **- Spaghetti Napoli** **- Ungarisches Gulasch** **- Wurst-Nudel-Pfanne** **- Zigeunerschnitzel**			

MAGGI			
MAGGI Fix Suppentopf: - Gulaschsuppe -Tomatencremesuppe	Fertiggericht		
MAGGI Guten Appetit-Suppe: - Eiermuschel Suppe - Feine Erbsensuppe mit Schinkenspeck - Frühling Suppe - Ochsenschwanz Suppe - Rindfleisch Suppe - Tomatencreme Suppe	Suppen		
MAGGI Meisterklasse Suppe: - Chinesche Gemüsesuppe - Griesklößchen Suppe - Tomatensuppe mit Reis	Suppen		
MAGGI Suppen Mahlzeit: - Herzhafter Erbsen-Eintopf - Linsen-Eintopf mit Speck - Nudel-Eintopf mit Rindfleisch	Suppen		
MAGGI Kids Suppen Tomatensuppe	Suppen		

MAGGI			
MAGGI **Heißer Becher:** **- Gulaschsuppe** **- Rindsbouillon + Croutons** **(ab MHD 12/2002)** **- Tomatencreme + Croutons**	Suppen		

Stand April 2002

McCain GmbH Kölner Straße 10 b 65760 Eschborn			
Produkt-Name	**Produkt-Gruppe**	**Bezugsort** Notieren Sie sich ihren Bezugsort (Geschäft, Ort, steht bei...)	**Extras**
1,2,3 Frites	Tiefkühlkost aus Kartoffeln		In Palmöl vorfrittiert
1,2,3 Rösti	Tiefkühlkost aus Kartoffeln		In Palmöl vorfrittiert
Golden Longs	Tiefkühlkost aus Kartoffeln		In Palmöl vorfrittiert
Golden Americans	Tiefkühlkost aus Kartoffeln		In Palmöl vorfrittiert
Golden Southern	Tiefkühlkost aus Kartoffeln		
Golden Sprinter	Tiefkühlkost aus Kartoffeln		In Palmöl vorfrittiert
Golden Western	Tiefkühlkost aus Kartoffeln		In Palmöl vorfrittiert
Golden Chips	Tiefkühlkost aus Kartoffeln		In Palmöl vorfrittiert
Chef Frites	Tiefkühlkost aus Kartoffeln		In Palmöl vorfrittiert
Chef PomPoms	Tiefkühlkost aus Kartoffeln		In Palmöl vorfrittiert
Home Fries	Tiefkühlkost aus Kartoffeln		In Palmöl vorfrittiert
Kartoffelpuffer	Tiefkühlkost aus Kartoffeln		In Sonnenblumenöl vorfrittiert

McDonald's

Drygalski-Allee 51
81477 München

Liste nur gültig in Deutschland

Produkt-Name	**Produkt Gruppe**	**Bezugsort**	**Extras**
Hamburger	Sandwich	McDonald´s Deutschland	
McRib	Sandwich	McDonald´s Deutschland	
Pommes frites	Beilagen	McDonald´s Deutschland	
Ketchup	Saucen	McDonald´s Deutschland	
Mayonnaise 80%	Saucen	McDonald´s Deutschland	
Westernsauce extra scharf	Saucen	McDonald´s Deutschland	
Currysauce	Saucen	McDonald´s Deutschland	
Barbecue Sauce	Saucen	McDonald´s Deutschland	
Sauce Süßsauer	Saucen	McDonald´s Deutschland	
Senfsauce	Saucen	McDonald´s Deutschland	
Rösti	Beilagen	McDonald´s Deutschland	Kann separat bestellt werden

McDonald’s			
Bic Mäc(ohne Käse) **SONDERBESTELLUNG**	Sandwich	McDonald´s Deutschland	Das Produkt wird extra zubereitet (etwas Wartezeit).
Hamburger Royal (ohne Käse und ohne Sauce) SONDERBESTELLUNG	Sandwich	McDonald´s Deutschland	Das Produkt wird extra zubereitet (etwas Wartezeit).
Hamburger Royal TS (ohne Käse und ohne Sauce) SONDERBESTELLUNG	Sandwich	McDonald´s Deutschland	Das Produkt wird extra zubereitet (etwas Wartezeit).
Gemüse Mäc (ohne Würzcreme) SONDERBESTELLUNG	Fertiggericht	McDonald´s Deutschland	Das Produkt wird extra zubereitet (etwas Wartezeit).
Mexicana Salat (ohne Putenstreifen) SONDERBESTELLUNG	Salat	McDonald´s Deutschland	Das Produkt wird extra zubereitet (etwas Wartezeit).
Chefsalat (ohne Schinken und ohne Käsestreifen) SONDERBESTELLUNG	Salat	McDonald´s Deutschland	Das Produkt wird extra zubereitet (etwas Wartezeit).
Kräuterdressing	Salatdressing	McDonald´s Deutschland	
Italienisches Dressing	Salatdressing	McDonald´s Deutschland	
Waffeltüte (leer) SONDERBESTELLUNG		McDonald´s Deutschland	
Deckel von Waffelbecher		McDonald´s Deutschland	
Konfitüren (Erdbeer/Himbeer/ Aprikose Sauerkirschen)	Marmelade	McDonald´s Deutschland	
Weizenbrötchen (von Breakfast-Menü ohne alles) SONDERBESTELLUNG		McDonald´s Deutschland	

McDonald’s			
Hashbrowns	Beilage	McDonald´s Deutschland	Kann separat bestellt werden
Kaffee	Getränk	McDonald´s Deutschland	
Coca Cola	Getränk	McDonald´s Deutschland	
Coca Cola light	Getränk	McDonald´s Deutschland	
Sprite	Getränk	McDonald´s Deutschland	
Fanta	Getränk	McDonald´s Deutschland	
Orangensaftgetränk	Getränk	McDonald´s Deutschland	
Bier	Getränk	McDonald´s Deutschland	

Meica Meica Ammerländische Fleischwarenfabrik Fritz Meinen GMBH & CO			
Produkt-Name	**Produkt-Gruppe**	**Bezugsort** Notieren Sie sich ihren Bezugsort (Geschäft, Ort, steht bei...)	**Extras**
Trueman's American Style Hot Dog Standard	Wurstwaren		im Kühlregal
Schinkenwürstchen	Wurstwaren		im Kühlregal
Bratmaxe	Wurstwaren		im Kühlregal
Eisbein in Aspik	Wurstwaren		im Kühlregal
Sülzkotelett in Aspik	Wurstwaren		im Kühlregal
Putenfleisch in Aspik	Wurstwaren		im Kühlregal
Deutschländer Würstchen	Wurstwaren		im Kühlregal
Bio-Geflügelwürstchen	Wurstwaren		im Kühlregal
Bio-Wiener (Marke Krustenhof)	Wurstwaren		im Kühlregal
Bio-Fleischwurst	Wurstwaren		im Kühlregal
Bio-Bratwurst	Wurstwaren		im Kühlregal
Geflügelwürstchen	Wurstwaren		im Kühlregal
Geflügelsaftwurst	Wurstwaren		im Kühlregal
Bratmaxe Geflügel	Wurstwaren		im Kühlregal

Mestemacher

Westfälische Vollkornprodukte
Am Anger 16
33332 Gütersloh

Außer dem *Diätbrot* sind alle Produkte milcheiweißfrei (z.B. Pita-Taschen, Pizzaböden, Vollkornbrote).

Milupa GmbH & Co.KG

61379 Friedrichsdorf

www.milupa.de

Produkt-Name	**Produkt-Gruppe**	**Bezugsort** Notieren Sie sich ihren Bezugsort (Geschäft, Ort, steht bei...)	**Extras**
Still-Tee	Tee		Für Schwangere und Stillende, Teebeutel
Bauchweh-Tee	Tee		Instant-Tee ab der 1.Woche, ungezuckert
Fenchel-Tee	Tee		Instant-Tee ungezuckert oder als Teebeutel oder Instant-Tee
Apfel-Melissen-Tee	Tee		Instant-Tee nach dem 4. Monat
Früchte-Tee	Tee		Teebeutel oder als Instant-Tee
Pfirsich-Tee	Tee		Instant-Tee ab 8. Monat
Milupa-Wasser	Wasser		auch für unterwegs ganz praktisch (Urlaub)
7-Kornbrei	Brei		ab 6. Monat, geeigneten „Milchersatz“ verwenden
Milana Reisflocken	Ceralien		nach dem 4. Monat, geeigneten „Milchersatz“ verwenden

Milupa GmbH & Co.KG			
Milana Haferflocken	Ceralien		nach dem 4. Monat, geeigneten „Milchersatz“ verwenden
Kinder-Crispy	Ceralien		für unterwegs gut geeignet
NeoVin	Vitamin-und Mineralstoff-Brause- oder Schlucktabletten		für Schwangere und Stillende
Aptamil Primergen mit LCP Milupan	Für die ersten Lebenstage		wird oft in Kliniken verwendet
Aptamil Gluco 5	Für die ersten Lebenstage		wird oft in Kliniken verwendet
Aptamil Gluco 10	Für die ersten Lebenstage		wird oft in Kliniken verwendet
Aptamil Malto 15	Für die ersten Lebenstage		wird oft in Kliniken verwendet
Aptamil Malto 25	Für die ersten Lebenstage		wird oft in Kliniken verwendet
Milupa Pregomin	Hydrolysatnahrung zur Allergietherapie		frei von Kuhmilch-bestandteilen
Milupa Pregomin AS	Spezialnahrung auf Aminosäurenbasis zur Allergietherapie		bei schweren Nahrungsmittel-allergien
Milupa SOM Flaschennahrung mit Soja	Spezialnahrung bei Kuhmilch-unverträglichkeit		frei von Kuhmilch-bestandteilen
Milupa SOM-Brei Spezialbrei mit Soja und Früchten	Spezialnahrung bei Kuhmilch-unverträglichkeit		frei von Kuhmilch-bestandteilen
Milupa GES 60	Glucose-Elektolyt-Produkt bei Durchfall-erkrankung		

Milupa GmbH & Co.KG			
Dr. Kousa Weizenkleie	ballaststoffhaltiges Produkt für Erwachsene		
Dr.Kousa Haferkleie	ballaststoffhaltiges Produkt für Erwachsene		

Außerdem gibt es noch Spezialprodukte zur Behandlung von Stoffwechsel-Erkrankungen, die in Absprache mit einem Arzt gegeben werden,
und Produkte von der **Hammermühle Diät GmbH**, Postfach 1164, 67485 Maikammer, Tel. :06321-9589-0, Fax: 06324-9589-99, www.hammermuehle.de

Milupa bietet auch kostenlos eine kleine Sammlung mit kuhmilchfreien Rezeptideen an.

Motta-Werk Schwanwede

Nestle Deutschland AG
28790 Schwanwede

www.nestle.de

Produkt-Name	**Produkt-Gruppe**	**Bezugsort** Notieren Sie sich ihren Bezugsort (Geschäft, Ort, steht bei...)	**Extras**
Fruit Joy	Speiseeis		Tiefkühlware
Jimmy E und Jimmy O	Speiseeis		
Press up Cola	Speiseeis		Tiefkühlware
Insect Birne-Ananas	Speiseeis		Tiefkühlware
Insect Himbeer-Orange	Speiseeis		Tiefkühlware

Nestlé

Deutschland AG
Lyoner Strasse 23
60523 Frankfurt am Main

(Nestlé, Libby's, Buitoni, Maggi, Thomy,TINO)

www.nestle.de (Hier erhalten Sie immer neuste Infos über milchfreie Produkte.)

Produkt-Name	**Produkt-Gruppe**	**Bezugsort** Notieren Sie sich ihren Bezugsort (Geschäft, Ort, steht bei...)	**Extras**
Caro:Landkaffee	Getränkezugabe		
Caro:Landkaffee extra	Getränkezugabe		
Kathreiner Kneipp Bio-Malzkaffee	Getränkezugabe		
Kneipp Bio-Malzkaffee	Getränkezugabe		
Linde´s Kornkaffee	Getränkezugabe		
Nescafé: Classic, Gold, Unser Bester, Typ espresso	Getränkezugabe		
Necafé frappé Typ Eiskaffee	Getränkezugabe		
Feinste heiße Schokolade/Nestlé	Getränkezugabe		Geeigneten Milch-Ersatz verwenden!

Nestlé			
Nesquik Schoko-Sirup, Zucker reduziert	Sirup		Tolle Sauce für Eis
Nestlé Inkao			
Nestlé Dragon Ballz Götterspeise: Himbeere, Waldmeister	Dessert		
Nestargel Johannis-brotkernmehl	Bindemittel	Apotheke	
Nestlé sinlac	Spezialbrei	Apotheke	

Pillsbury Knack & Back Frischteig Produkte **General Mills GmbH** Wandsbecker Königstraße 62 22041 Hamburg			
Produkt-Name	**Produkt-Gruppe**	**Bezugsort** Notieren Sie sich ihren Bezugsort (Geschäft, Ort, steht bei...)	**Extras**
4 oder 8 Sonntagsbrötchen	Backwaren		Kühlregal
4 Baguette-Brötchen	Backwaren		Kühlregal
6 Croissants	Backwaren		Kühlregal
6 Hörnchen	Backwaren		Kühlregal
4 Bauern-Brötchen	Backwaren		Kühlregal
6 Country-Brötchen	Backwaren		Kühlregal
Pizza-Teig	Backwaren		Kühlregal
Pizza-Kit	Backwaren		Kühlregal
8 Knoblauch-Ecken	Backwaren		Kühlregal
8 Kräuter-Ecken	Backwaren		Kühlregal
6 Rosinen-Schnecken	Backwaren		Kühlregal
6 Nuss-Nougat Schnecken	Backwaren		Kühlregal

Reformhaus

Für das **Reformhaus**-Sortiment gibt es eine eigene Broschüre mit dem Titel:

Milcheiweißfreie-
Milchzuckerfreie-
Eifreie- Produkte

Diese Broschüre ist in den **Reformhäusern** oder bei

Neuform Vereinigung
Deutscher Reformhäuser eG
Waldstraße 6
61440 Oberursel

erhältlich.

Tipp:

Für „Normal"- Essende ist es sicherlich etwas umständlich für „Nicht - Milch"-Esser einzukaufen, zu kochen oder mit Süßem zu erfreuen, deshalb empfehlen Sie einen Besuch im Reformhaus. Beiden Seiten gibt es eine gewisse Sicherheit, nichts falsch zu machen und doch etwas „Gutes" zu tun.

Milchfreie Produkte im Reformhaus

Zum Beispiel:

Tortellini mit Tofu
Schokolade
Kekse
Brot
Bonbons
Soja-Wienerle
„Prinzenrolle-Kekse“ (beliebt bei Kindern)
Paniermehl
Wurst
Soja - Joghurt
Chips
Puddingpulver
Kokoschips
Bananenchips
Trocken – Sojamilch (für den Urlaub)
Sauce Bernaise (Tüte)
Sauce Hollondaise

Reinert Westfälische Privat-Fleischerei GmbH & Co.KG Mittel-Loxten 37 33775 Versmold			
Produkt-Name	**Produkt-Gruppe**	**Bezugsort** Notieren Sie sich ihren Bezugsort (Geschäft, Ort, steht bei...)	**Extras**
Eisbeinfleisch in Aspik mit Mix-Gemüse	Wurstwaren		
Zunge in Aspik mit Champignons	Wurstwaren		
Schweinezunge in Gelee	Wurstwaren		
Edelmix in Aspik	Wurstwaren		
Mix-Gemüse mit Ei in Aspik	Wurstwaren		
Pikant-Mix-Gemüse in Aspik	Wurstwaren		
Champignons in Aspik	Wurstwaren		
Broccoli-Pastete im Pfeffermantel	Wurstwaren		
Filet-Pastete im Pfeffermantel	Wurstwaren		
Texaspastete im Paprikamantel	Wurstwaren		
Hähnchen-Pastete	Wurstwaren		
Spargel-Pastete	Wurstwaren		
Gourmet Bauchroulade mit Ei	Wurstwaren		
Westfälische-Delikatessleberwurst	Wurstwaren		

Reinert			
Bauern-Leberwurst	Wurstwaren		
Westfälische Bierwurst in Blasen	Wurstwaren		
Trüffel-Delikatess-Leberwurst	Wurstwaren		
Truthahn-Kräuter-Lyoner	Wurstwaren		
Truthahn-Kräuter-Pastete	Wurstwaren		
Truthahn-Gemüse-Pastete	Wurstwaren		
Truthahn-Pastete mit Jagdwurst	Wurstwaren		
Truthahn-Spargel-Pastete	Wurstwaren		
Truthahn-Hackbraten	Wurstwaren		
Truthahn-Gemüse-Mortadella	Wurstwaren		
Truthahn-Mortadella	Wurstwaren		
Truthahn-Bierschinken	Wurstwaren		
Truthahn-Jagdwurst	Wurstwaren		
Kochschinken Delikatess-Saftschinken	Wurstwaren		
Hüftschinken „Pikanto"	Wurstwaren		
Hüftschinken luftgetrocknet „Pikanto"	Wurstwaren		
Hüftschinken geräuchert "Pikanto"	Wurstwaren		
Truthahnbrust gefüllt	Wurstwaren		
Schwarze Schinkenecke, dunkel geräuchert	Wurstwaren		
Gegartes Rauchfleisch	Wurstwaren		

Reinert			
Pikantrolle gegarter Bauch	Wurstwaren		
„Blondy“ goldbraun geräuchert	Wurstwaren		
Delikatess Saftschinken, halbiert	Wurstwaren		
„Delikato“ Traditionsschinken	Wurstwaren		
Original Edeltruthahnbrust	Wurstwaren		
Truthahnbrust im Netz	Wurstwaren		
Truthahnbrust im Currymantel	Wurstwaren		
Truthahnbrust im Paprikamantel	Wurstwaren		
Pfefferbauch Pikantblock	Wurstwaren		
Pikanter Sauerbauch	Wurstwaren		
Reinert Sommerwurst	Wurstwaren		Im Kühlregal zu finden/SB-Ware
Truthahnsalami	Wurstwaren		Im Kühlregal zu finden/SB-Ware
Truthahn-Spargel-Pastete	Wurstwaren		Im Kühlregal zu finden/SB-Ware
Bistro-Salami	Wurstwaren		Im Kühlregal zu finden/SB-Ware
Sommerwurst, große Scheiben	Wurstwaren		Im Kühlregal zu finden/SB-Ware
Burger Salami	Wurstwaren		Im Kühlregal zu finden/SB-Ware
L ´aroma	Wurstwaren		
Snäkx Pur	Wurstwaren		
Snäkx Chili	Wurstwaren		
Snäxk Knoblauch	Wurstwaren		
Feine Theke Romanitca	Wurstwaren		
Feine Theke Trikanti	Wurstwaren		

Reinert			
Feine Theke Pfeffersalami 1a	Wurstwaren		
Feine Theke Broccoli Pastete	Wurstwaren		
Knackiges Gemüse in Aspik	Wurstwaren		
Barbecue Truthahnbrust, gegrillt	Wurstwaren		
Zarte Truthahnmortadella	Wurstwaren		
Milder Rauchschinken, gegart	Wurstwaren		
Feine Theke Salami 1a	Wurstwaren		
Feine Theke Blacky	Wurstwaren		
Feine Theke Blondy	Wurstwaren		
Reinert Sommerwurst	Wurstwaren		
Cervelatwurst-Auslese Extraklasse	Wurstwaren		
Reinert Sommerwurst mild-würzig	Wurstwaren		
Salami-Auslese “Romantica“	Wurstwaren		
Salami-Auslese “Buttsala”	Wurstwaren		
Salami-Auslese “Premisa”	Wurstwaren		
Romantica Edelsalami	Wurstwaren		
Salami-Auslese “Papsala”	Wurstwaren		
Salami-Auslese im Kräutermantel	Wurstwaren		
Salami-Auslese mittelfein, weiß	Wurstwaren		
Salami-Auslese im Pfeffermantel	Wurstwaren		
Salami-Auslese „Pepsala”	Wurstwaren		

Reinert			
Salami-Auslese "Knobsala"	Wurstwaren		
Mettwurst-Auslese luftgetrocknet	Wurstwaren		
Hirtenwurst nach einer Art Plockwurst	Wurstwaren		
Schinkenmettwurst-Auslese „Grobian"	Wurstwaren		
Salami-Auslese „Germanica"	Wurstwaren		
Truthahnsalami-Auslese	Wurstwaren		
Truthahnsalami-Auslese probiotisch	Wurstwaren		
Salami-Auslese "Triktanti"	Wurstwaren		
Salami-Auslese "Wurste-Brett"	Wurstwaren		
Brotform Pfeffersalami 1a	Wurstwaren		
Brotform Salami 1a	Wurstwaren		
Brotform Putensalami 1a	Wurstwaren		
Brotform Cervelatwurst 1a	Wurstwaren		
Brotform Bauerncervelatwurst	Wurstwaren		
Salami-Auslese „Boskosali"	Wurstwaren		
Salami-Auslese "Zwisali"	Wurstwaren		
Salami-Auslese luftgetrocknet „Luftika"	Wurstwaren		
Salami 1a mittelfein gekörnt	Wurstwaren		
Salami mittelfein gekörnt weiß	Wurstwaren		

Reinert			
Salami-Auslese „Kornsalami“	Wurstwaren		
Salami-Auslese “Reirin”	Wurstwaren		
Salami-Auslese “Pur-Rind”	Wurstwaren		
Salami-Auslese “Feurika”	Wurstwaren		
Salami 1a mit Knoblauch	Wurstwaren		
Meisterlob Katenrauch 1a	Wurstwaren		
Meisterlob Cerlatwurst 1a	Wurstwaren		
Meisterlob Salami 1a weiß	Wurstwaren		
Meisterlob Schinkenplockwurst 1a	Wurstwaren		
Meisterlob Salami 1a Netz	Wurstwaren		
Ente mediterrane	Wurstwaren		
Gemüse mediterrane	Wurstwaren		
Rindfleischsülze	Wurstwaren		
Schinken in Aspik mit Champignons	Wurstwaren		
Truthahn in Aspik mit Champignons	Wurstwaren		
Kalbfleisch in Aspik mit Champignons	Wurstwaren		
Hähnchenfleisch in Aspik			
Hähnchenbrustfilet in Gelee	Wurstwaren		
Deutsches Corned Beef	Wurstwaren		

rinatura

Rila Bio- und Vollwertkost
32340 Stemwede-Levern

www.rinatura.rila.de

Produkt-Name	**Produkt Gruppe**	**Bezugsort** Notieren Sie sich ihren Bezugsort (Geschäft, Ort, steht bei...)	**Extras** Auf den Produkten sind die milch-freien Waren mit einer durchge-strichenen Milch-flasche gekenn-zeichnet.
Baguettini 250g	Backwaren		
Vollkorn-Kekse 150g	Backwaren		
Müsli-Kekse 150g	Backwaren		
Vollkorn-Haselnuß-Waffeln 175g	Backwaren		
Vollkorn-Gebäckstangen 125g	Backwaren		
Vollkorn-Rundis (Zwieback) 125g	Backwaren		
Vollkorn-Honigwaffeln 175g	Backwaren		
Vollkorn-Zimtwaffeln 75g	Backwaren		
Weizenkörner 1000g	Getreide-körner		
Grünkern ganz 500g	Getreide-körner		
Haferkörner 1000g	Getreide-körner		

rinatura			
Dinkel 500g	Getreide-körner		
Fünf-Korn-Getreide 1000g	Getreide-körner		
Weizenvollkornmehl 500g	Mehl		
Grünkernschrot 500g	Getreide-körner		
Dinkelschrot 500g	Getreide-körner		
Speisehirse 500g	Getreide-körner		
Weizenkleie 250g			
Haferkleie 500g			
Maismehl 500g	Mehl		
Maisgries 50g			
Vollkorn- Spaghetti, -Spiralen, -Hörnchen	Vollkorn-Teigwaren		
Nudel-Bärchen 250g	Vollkorn-Teigwaren		
Vollkorn- Spätzle, -Bandnudeln			
Dinkel-Teigwaren verschiedene Sorten 250g	Vollkorn-Teigwaren		
Soja-Teigwaren verschiedene Sorten 250g	Vollkorn-Teigwaren		
Soja –Stücke 250g			
Soja-Splits 250g			
Soja-Bolognese 100g			

rinatura			
Kartoffelpüree			Geeigneten Milch-ersatz verwenden
Lauchschnitzel 250 g			
Vollkorn-Getreide-Risotto 250g			
Klare Brühe 125 g			
Gemüsebrühwürfel			
Gemüsebrühe gekörnt			
Gemüsebrühe gekörnt ohne Hefe 125g			
Sojabohnenkeimlinge 370 ml			
Mungobohnen-keimlinge 370 ml			
Sesamsamen naturell 250g	Knabbereien		
Sesamsamen geröstet 250g	Knabbereien		
Sonnenblumenkerne ohne Schale 250g	Knabbereien		
Rosinen 200g	Knabbereien		
Rüben-Apfel-Kraut 450g	Aufstrich		
Birnen-Apfel-Kraut 450g	Aufstrich		
Aprikosen-Sonnenfrucht 200g	Aufstrich		
Hagebutten-Sonnenfrucht 200g	Aufstrich		
Sauerkirsch-Sonnenfrucht 200 g	Aufstrich		
Erdbeer-Sonnenfrucht 200g	Aufstrich		
Blütenhonig 500g			

rinatura			
Waldhonig 500g	Aufstrich		
Mandel-Nuß im Blütenhonig 250g	Aufstrich		
Apfel-Zimt im Blütenhonig 250g	Aufstrich		
Sanddorn im Blütenhonig 250g	Aufstrich		
Schlehen im Blütenhonig 250g	Aufstrich		
Holunder im Blütenhonig 250g	Aufstrich		
Kanadischer Ahornsirup 250ml und 1l			
Haferkleie mit Keim 500g			
Leinsamen, gebrochen 250g			
Würzehefeflocken 125g			
Naturreiner Blütenpollen			
Birnen-Dicksaft 333ml			
Agaven-Dicksaft 333ml			
Kräuter- und Gewürzsalz			
Tamari 250ml			
Tomatenketchup 250ml			
Tomatenmark 212ml			
Apfelessig 0,75l			
Apfelessig naturtrüb 0,75l			

rinatura			
Rohrzucker 1000g			
Ur-Zucker 500g			
Jodiertes Meersalz 500g			
Sesam-Krokant 50g			
Trocken-Backhefe			
Weinsteinbackpulver			Phosphatfrei
Teigsäuerungsmittel aus Sauerteig 125g			
Vanille-Zucker			Echte Vanille
Schokoladen-Puddingpulver			
Vanille-Puddingpulver	Pudding-pulver		Echte Vanille
Rote Grütze	Fruchtdessert		
Vollkorn-Soßenbinder 200g			
Fix-Binder 125g			
Gemüse-Tofu-Bratmix 200g			
Buchweizen-Karotten-Bratmix 200g			
Sandwichcreme 125g	Aufstrich		
Champignon-Sandwich-Creme 125g	Aufstrich		
Oliven-Sandwichcreme 125g	Aufstrich		
Tofu naturell 370ml			

rinatura			
Rundkorn-Vollkornreis 500g	Getreide		
Wildreis 200g	Getreide		
Vollreis-Waffeln 100g	Getreide		
Vollreis-Hirse-Waffeln 100g	Getreide		
Vollkorn-Haferflocken 500g	Getreide		
Vollkorn Dinkelflocken 500g	Getreide		
6-Flocken-Mischung 750g	Getreide		
Weizenkeime 250g	Getreide		
Früchte-Müsli 750g	Cerealien		
Vollkorn-Müsli 1000g	Cerealien		
Beeren-Müsli 750g	Cerealien		
Kartoffel-Mais-Bratmix			Glutenfrei

RITTER SPORT Alfred Ritter GmbH & Co.KG Postfach 12 40 71108 Waldenbuch			
Produkt-Name	**Produkt-Gruppe**	**Bezugsort** Notieren Sie sich ihren Bezugsort (Geschäft, Ort, steht bei...)	**Extras**
RITTER SPORT Halbbitter	Schokolade		
RITTER SPORT Marzipan	Schokolade		
RITTER SPORT Pfefferminz	Schokolade		

Diese Schokoladen sind laut Rezeptur milchfrei, jedoch werden diese mit milchhaltigen Sorten auf gleichen Anlagen produziert. Deshalb können kleinste Mengen von Milchbestandteilen vorhanden sein.

Ruf Lebensmittelwerk

Postfach 1363
49603 Quakenbrück

Produkt-Name	**Produkt-Gruppe**	**Bezugsort** Notieren Sie sich ihren Bezugsort (Geschäft, Ort, steht bei...)	**Extras**
Puddingpulver Schokolade	Puddingpulver		geeigneten „Milchersatz“ verwenden
Feinkost Puddingpulver Grieß-Mandel	Puddingpulver		geeigneten „Milchersatz“ verwenden
Rote Grütze glatt			
Rote Grütze Sago			
Erfrischungs-speise Orange	Fruchtspeisen		
Erfrischungs-speise Zitrone			
Instant Kaltschale Sauerkirsch-Geschmack	Instant Fruchtspeisen		
Instant Kaltschale Heidelbeer-Geschmack	Instant Fruchtspeisen		

Ruf Lebensmittelwerk			
Instant Kaltschale Erdbeer-Geschmack	Instant Fruchtspeisen		
Götterspeise Kirsch Doppelpack	Götterspeise		
Götterspeise Zitrone Doppelpack	Götterspeise		
Götterspeise Waldmeister Doppelpack	Götterspeise		
Götterspeise Cola Doppelpack	Götterspeise		
Instant Götterspeise Kirsch	Götterspeise		
Instant Götterspeise Waldmeister	Götterspeise		
Soßenpulver Vanille „Ohne Kochen“	Soßenpulver		
Soßenpulver Schokolade „Ohne Kochen“	Soßenpulver		
Schnell-Dessert Vanille	Puddingpulver „ohne Kochen“		
Schnell-Dessert Schokolade	Puddingpulver		
Gelatine, gemahlen, weiß			
Blattgelatine, weiß			

Ruf Lebensmittelwerk			
Sofortgelatine			
Vanillin-Zucker	Backzutaten		
Backpulver	Backzutaten		
Tortenguss, klar, rot	Backzutaten		
Tortenguss klar mit Zucker	Backzutaten		
Tortenguss rot mit Zucker	Backzutaten		
Sahnefest			Evt. bei Pflanzenschlagsahne oder aufgeschlagene Kokosmilch verwenden (**Vegan-Shop**)
Bourbon-Vanille-Zucker	Backzutaten		
Trockenbackhefe	Backzutaten		
RUFIN Speisestärke	Backzutaten		
Kartoffelmehl	Backzutaten		
Backaroma Butter-Vanille	Backzutaten		
Backaroma Bittermandel	Backzutaten		
Backaroma Rum	Backzutaten		
Backaroma Zitrone	Backzutaten		
Zitronenschalen-Aroma	Backzutaten		

Ruf Lebensmittelwerk			
Zitronenzucker	Backzutaten		
Orangenzucker	Backzutaten		
Nuß-Nougat	Backzutaten		Auch zur Pralinenherstellung geeignet
Marzipan-Rohmasse	Backzutaten		Auch so, zum Naschen und eigene Tortendekoration daraus kneten
Raspelschokolade zartbitter	Backzutaten		
Bunte Zuckerstreusel	Backzutaten		
Haselnußkrokant	Backzutaten		
Schokoladen-Dekor	Backzutaten		
Schokoladen-ABC-Dekor	Backzutaten		
Moccabohnen	Backzutaten		Auch so, zum Naschen geeignet
Schokoladen-Streusel	Backzutaten		
Schokoladen-Blättchen	Backzutaten		
Gelierfix			
Gelierfix 2:1			
Traubenzucker	Traubenzucker		

Ruf Lebensmittelwerk			
Traubenzucker plus			
Pizza-Grundteig	Backmischung		Z.B. mit Hackfleisch-sauce, veganem Parmesan (**Vegan-Shop**)
Artländer Landbrot	Brotmischung		Auch für Backautomaten geeignet
Artländer Kartoffelbrot	Brotmischung		Auch für Backautomaten geeignet

Schöller Lebensmittel GmbH & CoKG 90327 Nürnberg www.schoeller.de			
Produkt-Name	**Produkt-Gruppe**	**Bezugsort** Notieren Sie sich ihren Bezugsort (Geschäft, Ort, steht bei...)	**Extras**
Schöller Tropsy	Speiseeis		Gefriertruhe
Schöller Caretta Orange	Speiseeis		
Schöller Beach Cola	Speiseeis		
Manhattan Ice Dots	Speiseeis		
Manhattan MP Ice Tea	Speiseeis		
Schöller Blue Wonder	Speiseeis		
Schöller Green Tea Ice	Speiseeis		
Schöller Beach KiBa	Speiseeis		
Manhattan MP Freezer	Speiseeis		
Mövenpick 1l Citronen Sorbet	Speiseeis		

Schwartauer Werke 23611 Bad Schwartau www.schwartau.de			
Produkt-Name	**Produkt-Gruppe**	**Bezugsort** Notieren Sie sich Ihren Bezugsort (Geschäft, Ort, steht bei...)	**Extras**
Alle Marmeladen, Gelees und Konfitüren	Fruchtaufstriche		
Erdbeersauce	Dessertsaucen		Für Eiscreme, Pfannkuchen...
Himbeersauce	Dessertsaucen		Für Eiscreme, Pfannkuchen...
Kirschsauce	Dessertsaucen		Für Eiscreme, Pfannkuchen...
Wildbeerensauce	Dessertsaucen		Für Eiscreme, Pfannkuchen...
Rote Grütze	Dessert		
Waldfrucht Grütze	Dessert		
Erdbeer Grütze mit Rhababer	Dessert		
Frühstück zum Trinken Orange-Banane	Früchte-Frühstück		
Frühstück zum trinken Erdbeer-Banane	Früchte-Frühstück		
Fruchtbombe Banane-Apfel	Obstmus		Kleine Behälter (ideal zum Mit-nehmen f. Kinder-garten und Schule)

Schwartauer Werke			
Fruchtbombe Erdbeer-Apfel	Früchte-Frühstück		Kleine Behälter (ideal zum Mitnehmen f. Kindergarten und Schule)
Fruchtbombe Pfirsich-Apfel	Früchte-Frühstück		Kleine Behälter (ideal zum Mitnehmen f. Kindergarten und Schule)
Fruchtbombe Birne-Apfel	Früchte-Frühstück		Kleine Behälter (ideal zum Mitnehmen f. Kindergarten und Schule)
Fruchtbombe Vanille-Apfel	Früchte-Frühstück		Kleine Behälter (ideal zum Mitnehmen f. Kindergarten und Schule)
Fruchtbombe Himbeer-Apfel	Früchte-Frühstück		Kleine Behälter (ideal zum Mitnehmen f. Kindergarten und Schule)
Fruchtbombe Himbeer-Apfel mit Frühstücken	Früchte-Frühstück		Kleine Behälter (ideal zum Mitnehmen f. Kindergarten und Schule)
Fruchtbombe Aprikose-Apfel mit Frühstücken	Früchte-Frühstück		Kleine Behälter (ideal zum Mitnehmen f. Kindergarten und Schule)
Corny nussig/Extra Big	Müsli-Riegel		Ideal für unterwegs
Corny fruchtig-herb	Müsli-Riegel		Ideal für unterwegs
Corny free	Müsli-Riegel		Ideal für unterwegs
Sukkade	Back -und Dekorartikel		
Orangeat	Back -und Dekorartikel		

Schwartauer Werke			
Früchte-Mix	Back -und Dekorartikel		
Frutta-Mix	Back -und Dekorartikel		
Echte Belegkirschen rot	Back -und Dekorartikel		
Echte Belegkirschen bunt	Back -und Dekorartikel		
Rum-Rosinen	Back -und Dekorartikel		
Citro-back	Back -und Dekorartikel		
Orange-back	Back -und Dekorartikel		
Rum-back	Back -und Dekorartikel		
Kirschwasser-back	Back -und Dekorartikel		
Süße Mandeln gehackt	Back -und Dekorartikel		
Süße Mandeln gehobelt	Back -und Dekorartikel		
Süße Mandeln gesplittert	Back -und Dekorartikel		
Süße Mandeln gemahlen	Back -und Dekorartikel		
Feine Marzipan-rohmasse	Back -und Dekorartikel		
Haselnüsse gemahlen	Back -und Dekorartikel		
Haselnüsse gehackt	Back -und Dekorartikel		
Haselnuss Krokant	Back -und Dekorartikel		
Pistazien gehackt	Back -und Dekorartikel		

Schwartauer Werke			
Schokoladen Streusel	Back -und Dekorartikel		Schmeckt auch gut im Müsli
Schoko-Blättchen	Back -und Dekorartikel		Schmeckt auch gut im Müsli
Raspelschokolade Zartbitter	Back -und Dekorartikel		
Perlenzauber	Back -und Dekorartikel		
Zucker Streusel bunt	Back -und Dekorartikel		
Dekor Konfetti	Back -und Dekorartikel		
Dekor Schnee	Back -und Dekorartikel		
Marzipan Dinos	Back -und Dekorartikel		
Hochfeine Marzipan Decke	Back -und Dekorartikel		
Gold & Silber Perlen	Back -und Dekorartikel		
Gebäck-Schmuck	Back -und Dekorartikel		
4 Back & Speisefarben	Back -und Dekorartikel		
Feine Kakao Rosen	Back -und Dekorartikel		
Feine Dekor Rosen	Back -und Dekorartikel		
Schoko Dekor Blätter(zartbitter)	Back -und Dekorartikel		
Schoko Dessert-Dekor			
Mocca-Bohnen	Back -und Dekorartikel		
Schoko Tröpfchen	Back -und Dekorartikel		
Mohn-back	Back -und Dekorartikel		

Schwartauer Werke			
Kuchen Glasur dunkel	Back -und Dekorartikel		
Kuchenglasur Haselnuss	Back -und Dekorartikel		

Wichtiger Hinweis *(von der Firma Schwartau)*:

Die Datenermittlung beruht auf Anfragen bei unseren Rohstoff-Lieferanten. Wir haften nicht für die Richtigkeit deren Angaben. Ansprüche jeglicher Art sind daher ausgeschlossen. Herstellerbedingte Kreuzkontaminationen der Rohstoffe (Übergang eines Rohstoffes in einen anderen) können bei der Datenermittlung nicht ausreichend berücksichtigt werden. Die Angaben dieser Liste sind nicht geeignet für Allergiker mit **lebensbedrohlichen Symptomen**.

Neue Produkte werden entwickelt, alte vom Markt genommen, so dass diese Liste immer nur eine begrenzte Aktualität hat.

Stand Juni 2002

Sojaland GmbH Otto-Hahn-Straße 10 19061 Schwerin www.sojaland.com			
<u>Produkt-Name</u>	**<u>Produkt-Gruppe</u>**	**<u>Bezugsort</u>** Notieren Sie sich ihren Bezugsort (Geschäft, Ort, steht bei...)	**<u>Extras</u>**
rein pflanzliche Alternative aus **<u>Soja zu Quark</u>** in **Natur, Kirsche, Pfirsich, Erdbeer Kräuter**	Sojaprodukt	ab Herbst 2002 erhältlich im Bioladen, Naturkostladen, Reformhaus	im 200g Becher
rein pflanzliche Alternative aus **<u>Soja zu Joghurt</u>** in **Natur, Kirsche, Pfirsich, Erdbeer**			im 150g Becher
rein pflanzliche Alternative aus **<u>Soja zu Frischkäse</u>** in **Natur oder mit Gartenkräuter**			im 200g Becher

Sinnack

Backspezialitäten GmbH & Co.KG
Postfach 1214
46362 Bocholt

Produkt-Name	**Produkt-Gruppe**	**Bezugsort** Notieren Sie sich ihren Bezugsort (Geschäft, Ort, steht bei...)	**Extras**
2er Baguette 300 g	Backwaren		Zum Fertigbacken
4er Baguette Brötchen 300g	Backwaren		Zum Fertigbacken
6er Brötchen 300 g	Backwaren		Zum Fertigbacken
Ciabatta 300 g	Backwaren		Zum Fertigbacken
5er Mehrkorn- und gemischte Brötchen	Backwaren		Zum Fertigbacken
10er und 15er Tiefkühl Weizenbrötchen	Tiefkühl-Backwaren		Zum Fertigbacken
8er Tiefkühl Mehrkorn-brötchen	Tiefkühl-Backwaren		Zum Fertigbacken
15er Tiefkühl Mini-Flutes	Tiefkühl-Backwaren		Zum Fertigbacken

Stollwerck

Postfach 900249
51112 Köln

Stollwerck / Sprengel / Waldbaur / Alpia / Sarotti / Eszet

Produkt-Name	**Produkt-Gruppe**	**Bezugsort** Notieren Sie sich ihren Bezugsort (Geschäft, Ort, steht bei...)	**Extras**
Eszet Schnitten Zartbitter	Süßwaren		Brötchenbelag
Marzipankartoffeln (Sprengel & Waldbaur)	Süßwaren		Meist in der Weihnachts-zeit erhältlich
Marzipanrohmasse (Sprengel & Waldbaur)	Süßwaren		Meist bei Backzutaten erhältlich
Edelmarzipanbrot ohne Schokoladen-überzug (Sprengel)	Süßwaren		Meist in der Weihnachts-zeit erhältlich
Zartbitter Schokolade (Waldbaur Maurinus)	Süßwaren		
Stollwerck Diät Schokolade Zartbitter	Süßwaren		Meist bei Diabetiker-nahrung
Stollwerck Diät Marzipan Happen	Süßwaren		

Stollwerck / Sprengel / Waldbaur / Alpia / Sarotti / Eszet			
Alpia Zartbitter	Süßwaren		
Alpia Pfefferminz	Süßwaren		
Alpia Edelmarzipan	Süßwaren		
Karina Zartbitter Nuss	Süßwaren		
Waldbaur Minzstäbchen mit Zartbitterüberzug	Süßwaren		
Waldbaur Kernbeisser Zartbitter-Nuss	Süßwaren		
Sarotti No.1 Bitterschokolade 72%	Süßwaren		
Sarotti No.1 Bitterschokolade 76% mit Kakaonibs	Süßwaren		
Sarotti Kakao-und Schokoladepulver	Süßwaren		
Sarotti halbbitter Schokolade	Süßwaren		
Sarotti Edelmarzipan Schokolade	Süßwaren		

Storck GmbH & Co

Postfach 15 65
33780 Halle

Storck GmbH & Co., Merci GmbH & Co., WIHA GmbH und Dickmann GmbH & Co.

Produkt-Name	**Produkt-Gruppe**	**Bezugsort** Notieren Sie sich ihren Bezugsort (Geschäft, Ort, steht bei...)	**Extras**
California Früchte	Süßwaren, Bonbons		
Paradiesfrüchte	Süßwaren, Bonbons		**Achtung**! Hießen früher *Campino* (jetzt sind Campino mit Sahne hergestellt)
Schleckies Cola und Frucht	Süßwaren, Lutscher		
Euka No.1	Süßwaren, Bonbons		
Mamba	Süßwaren , Kaubonbons		
Kaufrüchtchen	Süßwaren		
Ice Fresh	Süßwaren		

Storck GmbH & Co., Merci GmbH & Co., WIHA GmbH und Dickmann GmbH & Co.			
Nimm2 Lachgummi	Süßwaren, Fruchtgummis		**Achtung!** Keine *Nimm2 Bonbons*. Diese enthalten Kondensmager-milch!!
Eka Eisbonbon	Süßwaren, Bonbons		
Eka Englisch Drops	Süßwaren, Bonbons		
Eka Euka-Menthol	Süßwaren, Bonbons		
Eka Zitronenbonbons	Süßwaren, Bonbons		

Die Zutaten der Produkte finden Sie auf den Packungen in der Zutatenliste aufgeführt. Diese Liste ist, laut Hersteller, stets aktuell, so dass Sie sich auf die Angaben verlassen können.

THOMY

Nestlé Deutschland AG
Lyoner Strasse 23
60523 Frankfurt am Main

(Nestlé, Libby´s, Buitoni, Maggi, Thomy, TINO)

www.nestle.de (Hier erhalten Sie immer neuste Infos über milchfreie Produkte.)

Produkt-Name	**Produkt-Gruppe**	**Bezugsort** Notieren Sie sich ihren Bezugsort (Geschäft, Ort, steht bei...)	**Extras**
THOMY Delikatess-Mayonnaise (82 % Öl)			
THOMY Remoulade (77% Öl)			
THOMY Öl: -Reines Sonnenblumenöl -„Sonne & Olive“ Ölmischung			
THOMY Senf: -Delikatess-Senf -Scharfer Senf			
THOMY Tomadora Tomatenmark			

Vega-Frost

Gerda Pallaschke
Am Kanal 1
23896 Hammer

Telefon: 04542 / 843910

www.vegafrost.de

Produkt-Name	Produkt-Gruppe	Bezugsort	Extras
Himbeer-Zwerg	Fruchteis	Siehe Adresse oben	Waren werden per Post verschickt; mit Trockeneis gekühlt
Vegaice-Erdbeer	Soja-Erdbeer-Eis	Siehe Adresse oben	Waren werden per Post verschickt; mit Trockeneis gekühlt
Vegaice-Schoko	Soja-Schololadeneis	Siehe Adresse oben	Waren werden per Post verschickt; mit Trockeneis gekühlt
Madagaskan-Vanilla	Vanille-Eis / vegan	Siehe Adresse oben	Waren werden per Post verschickt; mit Trockeneis gekühlt
Vanilla-Fudge	Vanille-Eis mit Karamelsoße / vegan	Siehe Adresse oben	Waren werden per Post verschickt; mit Trockeneis gekühlt
Chocolate Cookies	Schokoladeneis mit Keks-Stückchen / vegan	Siehe Adresse oben	Waren werden per Post verschickt; mit Trockeneis gekühlt
Better-Pecan	Vanilleeis mit karamelisierten Pekannüssen / vegan	Siehe Adresse oben	Waren werden per Post verschickt; mit Trockeneis gekühlt

Vega-Frost			
Strawberry Supreme	Erdbeereis mit Erdbeerstückchen / vegan	Siehe Adresse oben	Waren werden per Post verschickt; mit Trockeneis gekühlt
Chocolate Cuties	Schokoladeneis in Schokowaffel / vegan	Siehe Adresse oben	Waren werden per Post verschickt; mit Trockeneis gekühlt
Vanille Cuties	Vanilleeis in Schokowaffel / vegan	Siehe Adresse oben	Waren werden per Post verschickt; mit Trockeneis gekühlt
Wildberry Cuties	Wildbeereneis in Schokowaffel / vegan	Siehe Adresse oben	Waren werden per Post verschickt; mit Trockeneis gekühlt
Rock´n Roll Pecan-Cones	Waffel-Tüte mit Eis, Pecannüssen und Karamel / vegan	Siehe Adresse oben	Waren werden per Post verschickt; mit Trockeneis gekühlt
Rock´n Roll Bars	Eis-Riegel mit Schoko-Karamel-Bezug / vegan	Siehe Adresse oben	Waren werden per Post verschickt; mit Trockeneis gekühlt

Vegan-Versand Adenauerallee 50 52066 Aachen www.veganshop.de			
<u>Produkt-Name</u>	**<u>Produkt-Gruppe</u>**	**<u>Bezugs-ort</u>**	**<u>Extras</u>**
„Parmesan“	Veganer Käse	Siehe oben	
Würzige Brotaufstriche	Aufstrich	Siehe oben	
Chocoreale Schoko-Haselnuss-Creme	Aufstrich	Siehe oben	"Nutella-Ersatz"
Chocoreale Schokocreme	Aufstrich	Siehe oben	"Nutella-Ersatz"
Alsan Margarine	Margarine	Siehe oben	
"Schlagsahne"	Milchfreie Schlagsahne	Siehe oben	
Waffelröllchen mit Schoko	Gebäck	Siehe oben	
Cookies Schoko	Gebäck	Siehe oben	
Kakao-Creme-Waffeln	Gebäck	Siehe oben	
Nuss-Nougat-Waffeln	Gebäck	Siehe oben	„Hanuta“-Ersatz
Scheese	Soja-Hartkäse	Siehe oben	Verschiedene Geschmacksrichtungen
Cheezly	Soja-Schnittkäse	Siehe oben	
Smekkers		Siehe oben	„Smarties-Ersatz“
Tofutti natur	Soja-Streichkäse	Siehe oben	

Und vieles mehr.
Alle Waren sind frei von tierischem Eiweiß.

WASA Wasastraße 10 29229 Celle			
Produkt-Name	**Produkt-Gruppe**	**Bezugsort** Notieren Sie sich ihren Bezugsort (Geschäft, Ort, steht bei...)	**Extras**
Wasa Sesam	Backwaren		
Wasa Mohn	Backwaren		
Wasa Müsli	Backwaren		
Wasa Roggen Dünn	Backwaren		
Wasa Köstlich	Backwaren		
Wasa Weizen	Backwaren		
Wasa Mehrkorn	Backwaren		
Wasa Rustikal	Backwaren		
Wasa Smorre	Backwaren		
Wasa Würzig	Backwaren		
Wasa Crisp	Backwaren		
Wasa Vollkorn	Backwaren		

Wissoll

Wissollstraße 5 - 43
45478 Mühlheim an der Ruhr

Produkt-Name	**Produkt-Gruppe**	**Bezugsort** Notieren Sie sich ihren Bezugsort (Geschäft, Ort, steht bei...)	**Extras**
Calypso Timba	Fruchtgummi/ Süßwaren		
Calypso Gummibären	Fruchtgummi/ Süßwaren		
Calypso Tropical	Fruchtgummi/ Süßwaren		
Calypso Baby Worm	Fruchtgummi/ Süßwaren		
Calypso Sour Sticks	Fruchtgummi/ Süßwaren		
Calypso Space Shuttle	Fruchtgummi mit Schaumzucker/ Süßwaren		
Calypso Banana	Fruchtgummi mit Schaumzucker/ Süßwaren		
Calypso Sour Bears	Fruchtgummi mit Schaumzucker/ Süßwaren		
Calypso Soft Strawberry	Fruchtgummi mit Schaumzucker/ Süßwaren		
Calypso Sour Loops	Fruchtgummi mit Schaumzucker/ Süßwaren		

Wissoll			
Wissoll Frucht-Mix	Gelee-Artikel gezuckert <u>ohne</u> Schokoladen-überzug/Süßwaren		
Wissoll Apfelsinen & Zitronen	Gelee-Artikel gezuckert <u>ohne</u> Schokoladen-überzug/Süßwaren		
Wissoll Kirsch-Banane	Gelee-Artikel gezuckert <u>ohne</u> Schokoladen-überzug/Süßwaren		
Wissoll Gartenfrüchte	Gelee-Artikel gezuckert <u>ohne</u> Schokoladen-überzug/Süßwaren		
Wissoll Multi Vitamin Gelee	Gelee-Artikel gezuckert <u>ohne</u> Schokoladen-überzug/Süßwaren		
Wisoll Rote Grütze	Gelee-Artikel gezuckert <u>ohne</u> Schokoladen-überzug/Süßwaren		
Wissoll Fruchtkaramellen	Bonbons		Wird oft beim Bäcker ausgeteilt

Wrigley GmbH

Albrecht-Dürer-Straße 2
82004 Unterhaching

Kaugummis

Alle Produkte von **Wrigleys** sind milcheiweißfrei.

Zamek Nahrungsfabriken

Dr.Lange & Co.GmbH

Die Firmen Zamek und Dr.Lange möchten ihre Kunden selbst mit ihren aktuellen Aufstellungen informieren, da sie laufend Sortimentserweiterungen und Produktverbesserungen durchführen.

Zamek Nahrungsmittelfabriken GmbH & Co.KG
Kappeler Straße 147-167
40599 Düsseldorf
Telefon: 0211/ 7486-0
www.zamek.de

Dr.Lange & Co.GmbH
Briedestraße 57
40599 Düsseldorf
Telefon : 0211/ 7486-295

Zimmermann

Großbäckereien
Max - Planck-Straße 20-22
40699 Erkrath - Unterfeldhaus

Produkt-Name	Produkt-Gruppe	Bezugsort	Extras
Rheinisches Vollkornbrot	Backwaren		
Unser Kerniges	Backwaren		

Besonderen Dank

an die Firmen, die von ihren Waren grundsätzlich abraten mussten:

Kuchenmeister GmbH
Günter Trockels
Coesterweg 31
59494 Soest

Weiss
Max Weiss GmbH u. Co
Lebkuchenfabrik
Postfach 2220
89212 Neu-Ulm

Tekrum - Werk
Theodor Krumm GmbH & Co.KG
Friedrich – Schiller - Straße 20
88214 Ravensburg

WOLF GmbH
(Wurstwaren)
Am Ahornhof 2
92421 Schwandorf

Anmerkungen

Leider haben einige Firmen einer Veröffentlichung ihrer milchfreien Produkten nicht zugestimmt. Zum einen möchten diese Firmen ihre Kundschaft selbst informieren, zum anderen ändern sie zu häufig die Rezepturen oder konnten sich unter diesem Einkaufsratgeber nichts vorstellen.

Es wäre schön, wenn Sie selbst bei diesen Firmen auf Ihr Interesse an milchfreien Produkten, an einer Volldeklaration bzw. an Warnhinweisen auf der Zutatenliste hinweisen würden.

becelDeutsche Lebensmittelwerke
Dammtorwall 15
20355 Hamburg

Burger King
Peschelanger 3
81735 München

Bi-Fi

Deutsche Lebensmittelwerke
Dammtorwall 15
20355 Hamburg

Dextro Energen

Deutsche Lebensmittelwerke
Dammtorwall 15
20355 Hamburg

Dr.Oetker Nahrungsmittel KG

Lutterstraße 14
33617 Bielefeld

Du darfst

Deutsche Lebensmittelwerke
Dammtorwall 15
203055 Hamburg

Flora

Deutsche Lebensmittelwerke
Dammtorwall 15
20355 Hamburg

Hachez

Bremer Chocolade – Fabrik
Hachez GmbH & CO
Westerstraße 32
28199 Bremen

HARIBO

53129 Bonn

Knorr

Deutsche Lebensmittelwerke
Dammtorwall 15
20355 HAMBURG

Kraft Suchard Jacobs

28078 Bremen

Livio

Deutsche Lebensmittelwerke
GmbH
Dammtorwall 15

MAZOLA

Deutsche Lebensmittelwerke
Dammtorwall 15
20355 Hamburg

Monarch

Kleutgen & Meier
(Auskunft über Haribo)

MONDAMIN / Maizena

Deutsche Lebensmittelwerke
Dammtorwall 15
20355 Hamburg

Pfanni

Deutsche Lebensmittelwerke

Pickerd Dekor

H.Pickerd GmbH & Co.
Raiffeisenstraße 19
30938 Burgwedel

Schneekoppe GmbH & Co.

Am Bauhof 13-15
21218 Seehof

UNOX

Deutsche Lebensmittelwerke
Dammtorwall 15
20355 Hamburg

Rezeptteil

- Beilagen
- Suppen und Eintöpfe
- Salate
- Hauptspeisen
- Dressings
- Dessert
- Brot und Brötchen
- Kuchen
- Gebäck
- Bowle

Buwespätz

Zutaten

1,5 kg gekochte Kartoffeln
2 Eier
100 g Weizenmehl
Salz, Muskat, Butterschmalz

Die gekochten Kartoffeln noch heiß durch eine Presse drücken und danach Mehl, Eier und die Gewürze unter die Masse heben. Aus dem Teig fingerlange und fingerdicke Nudeln rollen. Die Buwespätz in kochendes Salzwasser legen. Sobald die Nudeln an der Oberfläche auftauchen rausnehmen, abtropfen lassen und in einer Pfanne mit Schmalz goldbraun braten.

Kartoffelpuffer mit Soghurtsauce

Zutaten (4 Portionen)

1 Packung Kartoffelpufferteig (milcheiweißfrei)
4 Eier
3 EL Öl
4 EL Ketchup
Salz, Pfeffer
TK-Kräuter
300 g milcheiweißfreie Fleischwurst
300 g TK-Erbsen
300 g Soja-Joghurt (natur)

Kartoffelpufferteig mit 300ml Wasser anrühren und quellen lassen. Danach Eier, tiefgefrorene Erbsen, gewürfelte Fleischwurst, Salz und Pfeffer zufügen. Das Öl in einer Pfanne erhitzen und kleine Puffer backen. Den Soghurt mit Kräuter, Salz, Pfeffer und Ketchup glattrühren und als Dip zu den Puffern essen.

Salat „Tropicana“

<u>Zutaten</u>

2 Kopfsalate
11/2 Dosen Ananas
2 Kiwis
1 Dose Mandarinen
Saft von 2 Zitronen
6 EL Öl
weißer Pfeffer
Curry
Ingwerpulver
Zucker
2 hartgekochte Eier
2 Tomaten
6 Radieschen

Den Salat, das Gemüse, Eier und das Obst putzen, kleinschneiden und kühlstellen. Dann wird das Öl mit dem Zitronensaft und dem Ananassaft verrührt und mit Pfeffer, Salz, Zucker, Curry und Ingwer abgeschmeckt.

Spargel- Ananas- Salat

<u>Zutaten für 4 Portionen:</u>

4 Eier
150 g Dosen - Ananas
120 g Schinken
200 g Dosen - Spargel
8 Tl milchfreie Mayonnaise
Salz, Pfeffer, Zucker

Die Eier hartkochen, abschrecken, pellen und würfeln. Die Ananas und den Spargel in kleine Stücke schneiden. Den Schinken in Würfel schneiden. Alles mit der Mayonnaise vermischen. Abschließend mit Pfeffer, Zucker und Salz abschmecken.

Schichtsalat

1 Glas Sellerie
5 hartgekochte Eier
250 g gekochten Schinken (gewürfelt)
1 Dose Mais
1 Dose Ananas (gewürfelt)
3 Äpfel (geschält und kleingeschnitten)
1 Glas Miracel Whip
2 Stangen Lauch (kleingeschnitten)
1 Glas Miracel Whip

Alles in dieser Reihenfolge (24 Stunden vor dem Verzehr) aufschichten und kühlstellen.

Serbische Bohnensuppe

Zutaten

250 g getrocknete weiße Bohnen
3 Gemüsebrühwürfel
1 Lorbeerblatt
2 EL Öl
2 große Zwiebeln (gewürfelt)
1 Knoblauchzehe (zerdrückt)
4 große Tomaten (abgezogen)
2 Paprikaschoten (in Streifen)
1 TL Paprikapulver
1 TL Cayennepfeffer
Kräutersalz
Basilikum

Die gewaschenen Bohnen 12 Stunden in einem Liter Wasser einweichen.
Zu den Bohnen nun noch einen halben Liter Wasser dazugießen und anschließend mit den Brühwürfeln und dem Lorbeerblatt 45 min köcheln lassen.
Danach das Lorbeerblatt rausnehmen.
In der Zwischenzeit die Zwiebeln, den Knoblauch, Tomaten und Paprika in der Pfanne dünsten.
Jetzt von den Bohnen eine Schöpfkelle abnehmen und extra aufheben.
Die restliche Gemüsebrühe pürieren.
Nun die Bohnen und das Gemüse in die Suppe geben und mit den Gewürzen abschmecken (evt. mit etwas Mehl andicken).

Erbsensuppe

Zutaten

250 g Erbsen
2 Liter Wasser
125 g geräucherter Speck
250 g Suppenfleisch
Suppengrün
Salz

Die Erbsen in Wasser weichkochen.
Die Speckwürfel auslassen und die Zwiebeln und Fleischwürfel andünsten.
Anschließend das Suppengrün und die Erbsensuppe zu dem Gedünsten dazugeben und nochmals durchkochen.

Geröstete Grießsuppe

Zutaten:

30 g Margarine	zerlassen
60 g Grieß	darin hellbraun anrösten
1/2 Bund Suppengrün	dann mitrösten
1 Liter Brühe	aufgießen und 10 min aufkochen
gehackte Petersilie	aufstreuen
1 verrührtes Ei	zum Legieren zufügen

Gulaschsuppe

Zutaten für 4 Personen

500 g Rindfleisch
1 große Zwiebel
1 Rote Paprika
100 g Möhren
4 EL.Öl
1 EL Edelsüßpaprika
100 g Tomatenmark
1 l Fleischbrühe
1 TL Salz
1 TL Pfeffer
1/4 TL Cayennepfeffer
1/4 TL Thymianpulver
1/4 TL Basilikum
100 g paprikagefüllte Oliven

Das gewürfelte Fleisch mit Öl in einer Pfanne anbraten und wieder herausnehmen.

Die gewürfelten Zwiebeln nun in der Pfanne anbraten.

Nun das Fleisch und die Zwiebeln zusammen in die Pfanne geben und mit Paprikapulver bestreuen und vom Herd nehmen.

Jetzt Tomatenmark und die Fleischbrühe verrühren.

Den Brühenmix, das Fleisch, die Gewürze, die Kräuter und das Gemüse in einen feuerfesten Topf geben und in den nicht vorgewärmten Backofen stellen und bei 225 Grad 90 Minuten schmoren lassen.

Die Oliven halbieren und kurz in der Suppe mitschmoren lassen.

Chili con Carne

<u>Zutaten</u>

1 Zwiebel	schälen, würfeln
Knoblauchzehe	schälen und zerdrücken
2 EL Öl	Zwiebel und Knoblauch darin anbraten
375 g Hackfleisch	dazugeben
Tomatenmark	
Chilipulver	
Salz	
Paprikapulver	mischen und mit einem Liter Wasser auffüllen
1 Dose rote Kidneybohnen	ebenfalls dazugeben und aufkochen lassen
1 EL gehackte Petersilie	vor dem Servieren daraufstreuen

Spargelcreme - Suppe

<u>Zutaten für 4 Portionen:</u>

400 g Spargel (aus der Dose)
200 ml Spargelwasser
800 ml Wasser
1 Brühwürfel
40 g Mehl

Den Spargel in kleine Stückchen schneiden und mit dem Brühwürfel im Wasser und Spargelwasser erhitzen. Die Suppe mit dem Mehl binden und mit Muskat, Zucker und Petersilie abschmecken.

Kilotopf (für 20 Personen)

Zutaten

1 kg Rindergulasch
1 kg Schweinegulasch
1 kg Rinderhackfleisch
1 kg Dörrfleisch
1 kg Zwiebeln
1 kg Paprika
1 kg Dosentomaten
3 Flaschen Schaschliksauce

Alles in dieser Reihenfolge in eine Auflaufform schichten, Sauce drübergießen und zudecken.

Dann für 3 Stunden bei 200 Grad Celsius in den Backofen schieben.

Das Rezept ist gut geeignet für große Feste , da es sich gut vorbereiten läßt.

Für Nicht-Allergiker!

- kann man nach der Backzeit noch 3 Becher Sahne in die Sauce geben
- ebenso kann man diese Speise in zwei Schüsseln anrichten und eine davon mit Sahne geschmacklich verfeinern.

Fleischtopf Nizza

Zutaten (für 4 Portionen)

500 g Kartoffeln
4 Zwiebeln
1 Knoblauchzehe
6 Tomaten
100 g gefüllte Oliven
500 g Rindergulasch
Pfeffer, Salz
Gewürze nach Geschmack
4 EL Öl
1 Zweig Rosmarin (fein zerhacken)

Die Kartoffeln schälen und achteln.
Anschließend die Zwiebeln und den Knoblauch schälen und zerkleinern, die Tomaten vierteln und die Oliven halbieren.
Nun alle Zutaten in den Bräter geben und vermengen.
Dann im Ofen bei 180 Grad im geschlossenen Bräter zwei Stunden schmoren lassen.

Kasseler im Blätterteigmantel

Zutaten (für 4 Portionen)

450 g TK-Blätterteig (milchfrei)
2 TL TK-Kräuter
1 kg Kasseler
150 ml Wasser
3 EL ÖL
1 Eigelb für den Blätterteig
2 TL Senf

Das Kasseler mit Öl und Wasser im Römer-Topf 20 min (ohne Deckel) bei 225 Grad im Backofen garen.
Danach das Kasseler aus dem Römer-Topf nehmen, abtropfen und auskühlen lassen.
Die Kräuter mit dem Senf mischen und den Braten damit einreiben.
Das Kasseler mit dem aufgetauten Blätterteig komplett einwickeln und mit Eigelb einpinseln.
Das Ganze auf ein mit Backpapier ausgelegtes Backblech legen und 20 min ruhen lassen.
Anschließend 20 min bei 225 Grad (mittlere Schiene) backen lassen.
Danach den Blätterteig mit Alufolie abdecken und nochmals 15 min backen.

Fleischpastete in Blätterteig

Zutaten

TK-Blätterteig (milchfrei)
500 g gemischtes Hackfleisch
Salz, Pfeffer
Paprikapulver
Thymian
1/8 Liter Wasser
1 Tasse gekochter Reis
1 TL Oregano
1 Eigelb

Den Blätterteig auftauen und damit eine Kastenform auslegen.
Etwas Teig für den Deckel aufheben.
Das Hackfleisch würzen und den Reis mit Oregano untermischen.
Die Masse in die Kastenform füllen und den Deckel andrücken und diesen mit Eigelb bepinseln.
Das Ganze bei 220 Grad im Backofen backen

Gefüllte Pita-Taschen

Pita-Taschen (z.B. von **Mestemacher**) im Toaster erwärmen und mit verschiedenen Zutaten füllen,

zum Beispiel:

- Milchfreie Remoulade
- Milchfreie Mayonnaise
- Ketchup
- Mais
- Geriebene Karotten
- Gürkchen
- Angebratenes Hackfleisch
- Hartgekochte Eier
- Eisbergsalat
- Hähnchenfleisch
- Schinken
- Tomaten
- Paprika

French-Dressing

Zutaten

2 EL Salatöl
2 EL Zitronensaft
2 EL Rotwein
1 EL Senf
Salz
Pfeffer
Zucker
gehackte Kräuter (Petersilie, Kerbel, Estragon und Schnittlauch)

Alle Zutaten verrühren.

Das Dressing passt gut zu Blattsalaten.

Kräuter-Dressing

Zutaten

1 gewürfelte Zwiebel
3 EL Salatöl
2 EL Kräuteressig
Salz
Pfeffer
Zucker
1-2 EL gehackte Kräuter

Alle Zutaten verrühren.

Remouladen-Dressing

Zutaten

1 EL Kapern
2 Eier (hartgekocht)
1 rohes Eigelb
1 Prise Salz
125 ml Salatöl
2 EL Essig
1 TL Senf
1 Gewürzgurke
TK- Kräuter
Pfeffer
Zucker

Das Eigelb passieren, mit dem flüssigen Eigelb und dem Salz vermischen. Mit dem Mixer tropfenweise das Öl zugeben, bis eine steife Masse entstanden ist. Essig, Senf, die zerkleinerten Kapern, die gewürfelte Gurke, gehacktes Eiweiß und Kräuter unter die Masse ziehen.

Kirsch - Grütze

Zutaten

400 g entsteinte Sauerkirschen
100 g rote Johannisbeeren
100 g Zucker
1/8 Liter Wasser
1 Packung Vanille - Puddingpulver (milchfrei)
1/8 Liter Wasser
Saft einer halben Zitrone

Das Obst mit Wasser und Zucker 8 Minuten kochen. Das Vanille - Puddingpulver mit Wasser anrühren und unter die Fruchtmasse mischen. Nochmals kurz aufkochen und mit Zitrone abschmecken. In eine Schüssel füllen und gekühlt servieren.

Bratäpfel mit Vanillesauce

Zutaten für 4 Personen

4 EL Rosinen
4 El Mandelblättchen
2 dl.Apfelschnaps oder Apfelsaft
4 Äpfel
4 TL flüssiges Butterschmalz
1 EL Zimt
60 g Zucker
4 Zuckerwürfel

Zutaten für die Vanillesauce:

0,25 l Soja - Drink
Vanillemark
80 g Zucker
1 Ei
2 Eigelb

Die Rosinen mit kochendem Wasser überbrühen. Die Mandelblättchen und die Rosinen mit dem Schnaps oder Apfelsaft begießen und ziehen lassen. Das Kerngehäuse der Äpfel entfernen und diese mit dem Butterschmalz bepinseln. Anschließend die Äpfel in einer Zimt –Zucker -Mischung wälzen. Das untere Apfelloch wird mit einem Zuckerwürfel verschlossen und die Mandel- Rosinen - Mischung daraufgegeben. Jetzt die Äpfel in einen Römertopf setzen und bei 225 Grad (mittlere Schiene) 15 bis 20 min braten.

Für die Vanille - Sauce erhitzt man die Soja- Milch mit dem Vanillemark. Das Ei, Eigelb und Zucker schaumig rühren und nach und nach zu der Soja - Milch geben.

Die Bratäpfel nach dem Braten mit Mandelblättchen bestreuen und mit der Sauce servieren.

Ananas vom Grill

- eine frische Ananas halbieren
- jede Hälfte nochmals vierteln
- Quer einschneiden und das Fruchtfleisch mit einem Holzstab fixieren
- die „Schiffchen“ auf eine Alufolie legen und mit braunem Zucker berieseln
- die Folie schließen und das Ganze 15 min grillen
- die Folie öffnen und nochmals Grillen, bis der Zucker karamellisiert ist (ca.5 min)

Melonen-Boote

Eine Honigmelone halbieren, entkernen und in schmale Schnitze schneiden.

Mit Party - Picker dünne Salamischeiben als Segel darauf stecken.

Weißbrot

Zutaten

250 ml Wasser
125 ml Sojamilch
1 EL Sonnenblumenöl
500 g Weizenmehl
1 TL Salz
1 Pckg. Hefe
1 Eigelb

Alle Zutaten vermengen und die Teigkugel in zwei ca. 40 cm lange Rollen formen.
Auf ein gefettetes Backblech (oder Backpapier verwenden) legen und die Stangen schräg einschneiden.
Den Teig 45 min gehen lassen, bis er sich verdoppelt hat.
Dann in den vorgeheizten Backofen 25 min bei 225 Grad auf der mittlere Schiene backen.
Kurz vor Ende der Backzeit die Brote mit verquirlten Eigelb (für den Glanz) bestreichen.

Toastbrot

Zutaten

500 g Weizenmehl
1 Pckg. Hefe
1 TL Salz
1 TL Honig
75 g Margarine
1 Ei
250 ml Sojamilch

Alle Zutaten zu einem Teig vermengen und in eine gefettete Kasten-form füllen. Den Teig gehen lassen und anschließend bei 200 Grad mittlere Schiene 50 min backen. Das gebackene Brot 10 min abkühlen lassen und auf ein Kuchengitter stürzen, Backform vorsichtig lösen und auskühlen lassen.

Stockbrot (für ein Lagerfeuer)

Zutaten

500 g Weizenmehl
1/2 Pckg.Trockenhefe
350 ml lauwarmes Wasser
1 Prise Salz
1 TL Honig
einen langen geschälten Stock

Aus den Zutaten einen Teig bereiten und mindestens eine Stunde gehen lassen.
Aus dem Teig eine lange Rolle formen und ihn um einen Stock wickeln.

Das Stockbrot zirka 20 Minuten **drehend!!** über das Lagerfeuer halten.

Laugengebäck

Zutaten

500 g Weizenmehl
1 Packung Trockenhefe
1 ½ TL Salz
250 ml lauwarmes Wasser

Diese Zutaten gut mischen und kneten (z.B. im Backautomaten) und 30 min gehen lassen. Anschließend daraus Gebäck formen (Brötchen, Stangen, Brezeln) und nochmals 30 min gehen lassen.

Dann die Teiglinge auf eine Schaumkelle legen und in einem Topf mit Lauge ca. eine halbe Minute ablaugen. Dann die Teiglinge bei 200 Grad ca. 25 min backen. Kurz vor Ende der Backzeit das Gebäck mit kaltem Wasser einpinseln (für den Glanz).

Laugenherstellung: 1 ½ Liter Wasser und 2 EL Natron erhitzen.

Weizenmischbrot

Zutaten

250 ml Wasser
125 ml Sojamilch
1 EL Sonnenblumenöl
300 g Weizenmehl
200 g Roggenvollkornmehl
1 TL Salz
1 Pckg. Hefe

Alle Zutaten zu einem Teig vermengen, zu einem Brotlaib formen (rund, eckig, oval) und auf ein Backblech legen. Den Laib 45 min gehen lassen und anschließend ca. 40 min bei 200 Grad backen.

Apfelkuchen

Zutaten

200g Margarine
200 g Zucker
4 Eier
etwas geriebene Zitronenschale
1 Prise Salz
200 g Weizenmehl
½ Teelöffel Backpulver
6 Äpfel
50 ml Wasser

Margarine mit Zucker schaumig rühren, dann Zitronenschale, Salz und Eier dazugeben.
Mehl mit Backpulver mischen und eßlöffelweise daruntermischen (evt. auch Wasser).
Den Teig in eine gefettete Springform geben.Geschälte und eingeschnittene Äpfel darauf legen.
Dann im vorgeheiztem Backofen auf mittlerer Schiene 45 min bei 180 Grad Celsius backen.

Chinaschnitten

Zutaten

200 g milchfreie Margarine
150 g Zucker
300 g gemahlene Nüsse
2 EL milchfreies Paniermehl
7 Eier
1 Packung Schokoguss (milchfrei)

Margarine und Zucker schaumig rühren und die Nüsse dazugeben.

Dann 7 Eiweiß steif schlagen und vorsichtig unter den Teig heben.

Den Teig gleichmäßig auf einem Backblech verteilen und bei 200 Grad 20 Minuten backen.

Anschließend 7 Eigelb mit 150 g Zucker cremig rühren und über den gebackenen Kuchen geben und nochmals bei 150 Grad im Backofen trocknen lassen.

Zum Schluss mit Schokoladenguss chinesische Schriftzeichen über den ganzen Kuchen malen.

Apfel-Zimt-Kuchen

Zutaten

200 g milchfreie Margarine
225 g Zucker
1 P.Vanillezucker
3 Eier
280 g Mehl
2 TL Backpulver
3-4 EL Sojamilch oder Wasser
900 g süß - saure Äpfel
2 TL Zimt

125 g weiche Margarine mit 125 g Zucker und Vanillezucker schaumig rühren.
Dann nach und nach Eier, Mehl und Backpulver untermischen
Etwas Sojamilch und Wasser zufügen, bis der Teig reißfest ist. Den Teig in eine gefettete Springform füllen.
Äpfel schälen, vierteln, Kerngehäuse entfernen und die runde Seite mehrfach einritzen.
Die Äpfel mit der runden Seite nach oben auf den Teig legen.
100 g Zucker und Zimt vermengen und in zwei Hälften teilen.
Eine Hälfte des Zimtzuckers über die Äpfel streuen.
Die restliche Margarine in Flöckchen darauf legen
und den Kuchen 35-40 min bei 200 Grad mittlerer Schiene backen.
Nach dem Backen den restlichen Zimtzucker drüberstreuen.

Grundrezept für 2 Biskuitböden

Zutaten

6 Eier
250 g Zucker
200 g Mehl

Die Eier und den Zucker sehr schaumig schlagen und danach das Mehl unterziehen.
Den Teig in eine mit Backpapier ausgelegte Springform füllen und bei 200 Grad Celsius in der mittleren Schiene 40 min backen. Nach dem Auskühlen den Boden in 2 Böden teilen.

Schokoladenkuchen

Zutaten

4 Eier
1 Tasse Öl
1 Tasse Mineralwasser
1 Tasse Zucker
1 Tasse Kakaopulver (milchfrei)
1 Tasse Weizenmehl
200 g Haselnüsse
1 Pckg. Backpulver

Die Zutaten zu einem Teig verrühren und in eine gefettete Springform geben.
Bei 180 Grad ca.45 min (mittlerer Schiene) backen.
Evt. mit Puderzucker oder milchfreier Kuvertüre verzieren.

Biskuitrolle

Zutaten

4 Eier
4 EL heißes Wasser
125 g Zucker
1 Prise Salz
60 g Weizenmehl
60 g Speisestärke
1 TL Backpulver
Marmelade
Puderzucker

Die Eier mit dem heißem Wasser verrühren.
Den Zucker einrieseln lassen und alles schaumig rühren.
Das Mehl, das Backpulver und das Salz vorsichtig untermischen.
Ein Backblech mit Backpapier auslegen und den Teig darauf verteilen.
Den Teig ca.12-15 Minuten bei 200 Grad backen bis er goldgelb ist.
Ein Geschirrtuch mit Zucker bestreuen und den Biskuit darauf stürzen.
Das Backpapier entfernen und den Teig mit dem Geschirrtuch rollen und auskühlen lassen.
Zum Schluss die Rolle mit Marmelade füllen und mit Puderzucker bestreuen.
Man kann auch die Rolle mit gekochtem Obst füllen
(z.b.gewürfelte Äpfel in Zucker und Weißwein gekocht)

Amerikaner

<u>Zutaten</u>

100 g milchfreie Margarine oder 80 g geschmolzenes Butterschmalz
100 g Zucker
1 Prise Salz
2 Eier
350 g Mehl
1 Pckg. Backpulver
4 EL Sojamilch oder Mineralwasser
1 Pckg. Vanillezucker

Die Margarine schaumig rühren.
Anschließend Zucker, Salz, Vanillezucker und Eier hintereinander untermischen.
Das Mehl mit dem Backpulver vermengen und mit der Sojamilch zum restlichen Teig zugeben. Der Teig muß zäh sein.
Dann 1 EL-große Teigtupfer auf ein mit Backpapier ausgelegtes Backblech setzen.
Bei 180 Grad 15-20 min hellbraun backen.
Die ausgekühlten Amerikaner mit Zuckerguß oder milchfreier Kuvertüre bestreichen.

Marmorkuchen

Zutaten

250 g milchfreie Margarine
250 g Zucker
1 Pckg. Vanillezucker
4 Eier
500 g Mehl
1 Pckg. Backpulver
1/8 Liter Sojamilch oder Mineralwasser
3 EL Kakao

Die Margarine schaumig rühren und nach und nach Zucker, Gewürze und Eier unterrühren.
Das Mehl mit dem Backpulver mischen und mit der Sojamilch abwechselnd zufügen.
Eine Hälfte des Teiges in eine gefette Napfform füllen; die andere Hälfte mit dem Kakao und 1-2 EL Wasser verrühren und auch in die Kuchenform füllen.
Den Kuchen im vorgeheiztem Backofen bei 180 Grad 90 Minuten backen (untere Schiene).
Nach dem Auskühlen den Kuchen mit Puderzucker bestreuen oder mit milchfreier Kuvertüre überziehen.

Nusskuchen

Zutaten

50 g Margarine
100 g Zucker
3 Eier
1 Pckg.Vanillezucker
150 g Mehl
1 TL Backpulver
75 g gem.Haselnüsse

Die Margarine mit dem Zucker schaumig rühren.
Nach und nach die Eier, Vanillezucker, Mehl, Backpulver und Nüsse dazurühren.
Den Teig in eine gefettete Kastenform füllen und bei 175 Grad 75 Minuten (untere Schiene) backen.
Nach dem Auskühlen mit Puderzucker bestreuen oder mit Zuckerguß verzieren.

Leipziger Apfelkuchen

Zutaten

200 g milchfreie Margarine oder 160 g flüssiges Butterschmalz
4 Eier
175 g Zucker
etwas Zitronenaroma
200 g Mehl
½ TL Backpulver
6 große Äpfel
12 TL Gelee

Das Fett mit Zucker schaumig rühren.
Zitronenaroma, Eier, Salz, Mehl mit Backpulver nach und nach dazugeben.
Den Teig in eine gefettete Springform geben.
Die Äpfel schälen und halbieren.
Die Apfelhälften mehrfach oben einschneiden.
In die Öffnung des entfernten Kerngehäuse 1 TL Gelee füllen.
Die Äpfel mit der geritzten Seite nach oben auf den Teig setzen.
Bei 175 Grad ca.45 min backen (mittlere Schiene).

Kokos-Kirsch-Kuchen

Zutaten

4 Eier
200 g Zucker
300 g Butterschmalz
300 g Mehl
½ Pckg. Backpulver
2 x 6 El Sojadrink oder Wasser
100 g Schokoblättchen von Schwartau
oder 100 g gerasp. milchfreie Schokolade
2 Gläser Schattenmorellen
2 EL Honig
200 g Kokosraspeln

Das Eigelb mit dem Zucker schaumig rühren.
Nach und nach 225 g flüssiges Butterschmalz, Mehl, Backpulver, Soja-Drink und steif geschlagenes Hühnereiweiß hinzugeben.
Vorsichtig die Schokostückchen unterziehen.
Den Teig auf ein mit Backpapier ausgelegtes Backblech streichen.
Die abgetropften Morellen gleichmäßig auf dem Teig verteilen.
Nun im Topf 75 g Butterschmalz, 100 g Zucker und den Honig erhitzen. Den Sojadrink und die Kokosraspeln hinzufügen. Diese Masse nun auf den Kirschen verstreichen.
Den Kuchen bei 190 Grad ca.30 min backen.

Kirsch-Marzipan-Baiser-Torte

<u>**Zutaten für 4 Schichten**</u>

Schicht 1 (Mürbeteig)

125 g Mehl
20 g Zucker
1 Pckg. Vanillezucker
1 Eigelb
60 g milchfreie Margarine
2 EL Wasser

Schicht 2 (Biskuit)

2 Eier
30 g Mandeln
100 g Mehl
1 TL Backpulver
75 g Zucker

Schicht 3 (Füllung)

1 Glas Schattenmorellen
1/2 TL Zimt
3 EL Kirschmarmelade
20 g Stärke
2 EL Zucker
1 Marzipandecke (z.B. von Schwartau)

Schicht 4 (Baiser)

2 Hühnereiweiß
125 g Zucker
1 TL Zitronensaft

Die Zutaten für die erste Schicht zu einem Teig kneten und 30 min in den Kühlschrank legen.
Die Eier für den Biskuitteig trennen. Die Eiweiße steif schlagen und den Zucker einstreuen.
Nach und nach die restlichen Zutaten unterheben.
Den Teig in eine Springform füllen. Im vorgeheizten Backofen bei 175 Grad 20 min backen. Anschließend abkühlen lassen.
Den Mürbeteig aus dem Kühlschrank nehmen und in der Größe der Springform ausrollen und in die Form hineinlegen. Teig mehrfach mit der Gabel einstechen und bei 200 Grad im vorgeheizten Backofen 15 min backen.
Für die Füllung den Saft der abgetropften Kirschen (4 EL davon aufheben), Zimt und Zucker aufkochen.
Die 4 EL Kirschsaft mit Stärke binden und die Kirschmasse zufügen und etwas auskühlen lassen.
Die Marmelade erwärmen und passieren und auf den Mürbeboden verteilen.
Dann den Biskuitboden draufsetzen und den Rand der Springform darumlegen. Die Füllung auf den Biskuitboden streichen und alles 30 min in den Kühlschrank stellen.
Nun die Marzipandecke auf den Kuchen legen (muß etwas zurechtgeschnitten werden).
Für die Baiserschicht die Eiweiße steif schlagen und den Zucker langsam einstreuen und den Zitronensaft unterheben.
Diese Masse esslöffelweise auf die Marzipandecke geben.
Jetzt nochmals den Kuchen für ca.15 min in den Backofen bei 175 Grad geben.

Heidelbeer-Erdbeer-Torte

Zutaten für den Teig

125 g milchfreie Margarine
100 g Zucker
2 Eier
1 Pckg. Vanillezucker
2 TL Backpulver
200 g Mehl
½ Flasche Arrak-Aroma
Vanillemark
100 g milchfreie Schokolade

Zutaten für den Belag

2 Blatt weiße Gelatine
450 g rotes Johannisbeergelee
2 Pckg. TK-Erdbeeren
1 Pckg. TK-Heidelbeeren

Garnitur

100 g gehackte Haselnüsse

Die Margarine schaumig schlagen, Zucker, Vanillezucker und Eier zugeben und unterrühren. Mehl, Backpulver, Arrak-Aroma, Vanillemark in den Teig mischen. Die Schokolade raspeln und unterheben. Den Teig in eine Springform füllen und im vorgeheizten Backofen bei 175 Grad 45 min backen.

Nach dem Auskühlen wird um den Tortenboden ein Tortenring gelegt. Die Gelatine in kaltem Wasser einweichen. Das Johannisbeergelee erhitzen und glattrühren. Von dem Gelee 3 EL abnehmen und auf den Tortenboden verstreichen. Anschließend die aufgetauten Früchte darauf verteilen. Jetzt die ausgedrückte Gelatine in den heißen Gelee einrühren und über die Früchte verteilen. Die Torte 3 Stunden kühlstellen und vor dem Servieren mit Haselnüsse betreuen.

Falsche Butterkränzchen

Zutaten

400 g milchfreie Margarine oder 320 g geschmolzenes Butterschmalz
150 g Puderzucker
6 Eigelb
250 g gemahlene Mandeln
450 g Mehl
1 Prise Salz

Margarine, Zucker und Eigelb schaumig schlagen. Dann Mandeln und Mehl vorsichtig unterarbeiten. S-förmige Kringel und Ringe mit dem Spritzbeutel aufs gefettete Backblech spritzen. Bei 190 Grad Celsius 10 Minuten backen.

Kokosmakronen

Zutaten

250 g Kokosraspeln
200 g Zucker
4 steifgeschlagene Hühner - Eiweiß
Backoblaten

Kokosraspeln mit dem Zucker vermengen und anschließend vorsichtig Eischneemasse unterheben. Die Masse esslöffelweise auf Backoblaten setzen und bei 180 Grad Celsius goldbraun backen (ca. 12 Minuten).

Schoko-Crossies

Zutaten

1. Mix:
4 Tafeln milchfreie Schokolade
20 g Kokosfett

2. Mix:
175 g Cornflakes
100 g Kokosflocken

1.Mix im Wasserbad schmelzen und den 2.Mix u ntermengen. Die Masse im Eierbecher zu kleinen Häufchen formen, auf ein Blech setzen und im Kühlen trocknen lassen.

Marzipan-Kartoffeln

Zutaten

400 g Puderzucker
400 g feingemahlene Mandeln
4 Hühner-Eiweiß
etwas Bittermandelöl
Kakaopulver (zum Wälzen)

Die Zutaten zu einem Brei vermengen, anschließend in kleine Kugeln formen und in Kakaopulver wälzen. Die Kugeln auf ein Brett zum Trocknen legen.

Bunte Kekse

Zutaten für den Teig

250 g milchfreie Margarine
125 g Zucker
1 Päckchen Vanillezucker
1 Ei
3 Eigelb
300 g Mehl
1 Päckchen Backpulver
150 g Stärke

Zutaten für den Guß 1

125 g Puderzucker
100 g Kakao
2 Hühnereiweiß

Zutaten für den Guß 2

125 g Puderzucker
1 Hühnereiweiß
bunte Zuckerperlchen

Die Zutaten für den Teig gut verrühren. Den Teig ausrollen und Kreise mit einem Förmchen ausstechen. Die Kekse auf ein mit Backpapier ausgelegtes Backblech legen und bei 180 Grad /mittlerer Schiene goldgelb backen.

Marzipanstangen

Zutaten

450 g TK-Blätterteig (milchfrei)
75 g Marzipanrohmasse
2 TL Zucker
2 TL Marmelade
1 Eigelb
gehackte Mandeln und Puderzucker

Den Blätterteig auftauen lassen.
Dann die Marmelade, Zucker, Rum und Marzipanrohmasse zu einer geschmeidigen Masse rühren. Die Masse auf die Hälfte der Blätterteigscheiben streichen und mit dem restlichen Blätterteig zuklappen.
Den Blätterteig in 2 cm breite Streifen schneiden und zu Spiralen drehen. Die Spiralen auf ein Backblech legen, mit Eigelb bestreichen und Mandeln bestreuen.
Den Teig bei ca.200 Grad 15-20 min backen lassen. Nach dem Erkalten die Stangen mit Puderzucker bestäuben.

Baiser

Zutaten

6 Hühnereiweiß
150 g Zucker
100 g Puderzucker
20 g Speisestärke

Das Hühnereiweiß steif schlagen und dabei den Zucker einrieseln lassen. Den Puderzucker und die Speisestärke vorsichtig unterheben. Die Masse in einen Spritzbeutel füllen und ca. 5 cm (Durchmesser) große Häufchen auf ein mit Backpapier ausgelegtes Backblech spritzen. Die Häufchen im vorgeheizten Backofen bei 50 Grad 9 Stunden !!! trocknen lassen.
Während des Trocknens einen Kochlöffel zwischen die Ofentür klemmen.

Einfache Waffeln

Zutaten

125 g milchfreie Margarine oder 100g flüssiges Butterschmalz
150 g Zucker
etwas Zitronenaroma
1 Prise Salz
3 Eier
250 ml Soja-Milch oder anderen geeigneten Milchersatz oder Mineralwasser
250 g Mehl
1 TL Backpulver

Alle Zutaten zu einem Teig verrühren und ca. acht Waffeln in einem Waffeleisen goldbraun backen.

Erdbeer – Bowle

Zutaten

1 Liter Rotwein
1 kg Erdbeeren (kleingeschnitten)
100 g Zucker

mischen und eine Stunde kühlstellen und kurz vor dem Servieren nochmals 1 Liter Rotwein und gefrorene Orangenscheiben (zur Geschmacksabrundung und Kühlung), sowie eine Flasche Sekt dazugeben.

Waldmeisterbowle

Zutaten

1 Büschel Waldmeister
1 Schnapsglas Whiskey
2 Flaschen Weißwein
1 Flasche Sekt
Würfelzucker

Den Waldmeister waschen, zusammenbinden und mit den Enden nach unten in ein Gefäß hängen.
Den Würfelzucker, 1 Flasche Weißwein und den Whiskey dazugeben.
Alles eine halbe Stunde ziehen lassen.
Den Waldmeister rausnehmen; die zweite Flasche Weißwein und kalten Sekt dazugeben.

Tipps und Tricks

Versuchen Sie Abwechslung ins Essen zu bringen z. B.

- Zu Hause chinesisch Essen (Stäbchen, Schüsseln, Tischdekoration...)
- Fingerfood und Schmatzwettbewerb
- Das Auge ißt mit (Melonenschiffchen, Schmetterlingsbrote, Eierpilze...)
- Wenigstens eine Speise für ALLE anbieten, die milchfrei ist
- Kompromisse eingehen (unsere Kinder essen milchfrei, wir Erwachsene nicht, deshalb wird der Salat bei uns ohne Dressing angerichtet und jeder kann später sein Dressing selbst nehmen)
- Picknick
- Spaghettiwettessen

Unterwegs

- Immer etwas geeignetes als Snack mitnehmen (schnell steht man im Stau)
- Sich Alternativen merken (Pommes gibt es oft zu kaufen, Bonbons an der Tankstelle...)
- Angehörigen, Freunden, Kindergarten, Schule eine Notfall-Essensliste oder Vorrat geben
- Bei Einladungen oder bei Ausflügen ein kleines „Fresspaket" mitnehmen oder im Vorfeld mit den Gastgebern absprechen
- Bei Restaurantbesuchen sprechen Sie sich mit Kellner oder Küchenchef ab
- Besorgen Sie sich eine SOS-Kapsel oder einen Notfallausweis

Urlaub

- Lohnt sich ein All-Inclusive-Urlaub oder fährt man zum Camping oder in ein Ferienhaus?
- Muss ich am Urlaubsort selbst kochen oder gibt es Gaststätten, die genügend Auswahl haben? (Wir waren mit unseren Kindern in den USA und hatten dort keinerlei Schwierigkeiten. In den Restaurants gab es Salattheken, Nachspeisen wie Götterspeise, Obstsalat und Wassereis in Hülle und Fülle, die Lebensmittel waren voll deklariert und manchmal mit Warnhinweisen versehen, z. B.: können Milchbestandteile enthalten)

- Bei Flugreisen können Sie veganes Essen vorbestellen
- Einen kleinen Vorrat an Essen mitnehmen, bis man sich am Urlaubsort auskennt (abgepacktes Brot und Wurst, Soja-Milchpulver...)
- Schreiben Sie sich einen Zettel in der jeweiligen Landessprache, auf dem steht, daß Sie bzw. ihre Kinder keine Kuhmilch und deren Bestandteile vertragen und den Sie jederzeit vorzeigen können.
- Lernen Sie die Vokabeln, die für ihre Allergie relevant sind schon zu Haus. Im Taschenwörterbuch findet sich kaum die Übersetzung für z. B. Molke

Finanzen

- Am Anfang hatten wir enorm hohe Ausgaben, da wir nicht wußten was wir einkaufen können. Ich bin sicher, daß ich ihnen durch diesen Ratgeber helfen kann Geld zu sparen. Natürlich kostet Soja-Milch-Eis, Soja-Milch oder Nutella-Ersatz recht viel, aber manchmal ist man auch günstiger (z. B. bei Ausflügen durch mitgenommenes Essen, durch selbstgebackenen Kuchen)

- Bei der Steuererklärung können Sie die zusätzlichen Kosten eventuell bei außergewöhnlichen Belastungen absetzen (Sie benötigen ein ärztliches Attest, Quittungen über Einkäufe)

Geschenke

Kinder bekommen sehr oft Schokolade, Kekse etc. geschenkt. Wir haben dafür eine Umtauschaktion eingeführt. Unsere Kinder zeigen uns ihre Süßigkeiten und wir ersetzen die, die sie nicht essen dürfen durch andere Sachen, somit ist bei unseren Kindern gewährleistet, daß sie nichts Falsches heimlich essen und sie auch nicht zu "kurz" kommen.

Alternativgeschenke können sein:
- Geschichten vorlesen
- ein kleines Buch
- die gute alte Wundertüte
- Aufkleber
- ein Fingerspiel

Verschiedenes

- Sojamilch kann auf die gleiche weise wie Kuhmilch verwendet werden. *Aber Achtung:* Sojamilch brennt noch schneller an als Kuhmilch

- Eine Brotbackmaschine und einen Joghurtzubereiter sind recht nützlich

- Nachfragen ist wichtig! Was nützt milchfreies Essen, wenn die Würstchen im Wasser mit einem Schuß Milch gekocht sind, damit sie nicht so schnell aufplatzen, die Kuchenform vorher gut ausge*buttert* wurde oder das Brot für den Glanz der Kruste mit Milch bepinselt wurde?
  Wer nicht darauf achten muß, denkt sich nichts böses dabei.

- Einen kleinen Vorrat von Konserven zu Hause zu haben (z. B. eine Dose Vollkorn-Ravioli)

- Wir haben verschiedenfarbiges Besteck für die Benutzung von „normalem“ und „Diätessen“, um ständiges Nachfragen zu vermeiden „Ist das Messer okay?“, denn schon kleinste Milchmengen können symptomauslösend sein (z. B. Butter- und Margarinemesser)

- Diäten Sie anfangs solidarisch mit

- Mithilfe der Kinder bei der Herstellung (Kekse ausstechen, Kuchen backen, Sauce rühren...)

- Vorsicht auch beim Lagern von Essbarem (Kekse durcheinander)

- Vorsicht bei der Benutzung von Koch- und Küchengeschirr (Schneidbrett, Löffel, Messer...)

- Diät-Lebende sollten Eigenverantwortung übernehmen, gerade Kinder sollen selbstbewusst damit umgehen, damit keiner Kontrolle über sie hat (z. B für kleinere Kinder Schublade einrichten, Klebebildchen bei erlaubten Lebensmitteln)

- Bringen sie ihren Kinder bei, was sie einkaufen dürfen und was nicht, das erspart aufreibende Diskussionen beim Einkaufen

- Beim Einkauf von Frischwaren besprechen Sie sich mit dem Bäcker und Metzger ihres Vertrauens.

Hilfreiche Adressen

Arbeitsgemeinschaft Allergiekrankes Kind
Hilfen für Kinder mit Asthma, Ekzem und Heuschnupfen (AAK) e.V.
Nassaustraße 32
35745 Herborn
www.aak.de

Deutscher Neurodermitikerbund e.V.
Spaldingstr.210
20097 Hamburg

Arbeitskreis Überaktives Kind e.V.
Postfach 410724
12117 Berlin
www.auek.de

Ein virtuelles Kaufhaus für Allergiker
www.allergate.de

Bücher / Broschüren

Schöner- Bunter- Künstlicher
Zusatzstoffe im neuen Europa
Herausgeber : Reformhaus / Information
Postfach 1444
61440 Oberursel

Autoren : D.Wirths / Prof.Dr.med.R.Liersch
Ohne Eier und Milch
Gräfe und Unzer Verlag

Eine und mehr kuhmilchfreie Ideen
Rezepte von:
Milupa
Die Mutter & Kind AG
Bahnstrasse 14 - 30
61379 Fiedrichsdorf

Autorin: Prof. Doris Rapp
Ist das Ihr Kind?
Versteckte Allergien bei Kindern und Erwachsenen aufdecken und behandeln
Medi-Verlag

Autorin : Christa Koch
Kerngesunde Kinderküche Band 2 – Ohne Milch und ohne Ei
Michaelis-Verlag
86971 Peiting

Backrezepte ohne Milch und ohne Ei
Direkt erhältlich bei:
CPC Maizena GmbH
Ernährungswissenschaftliche Abteilung
Knorrstraße 1
74074 Heilbronn